In dieser Reihe sind
bisher erschienen:

Urs Gerig/Thomas Frischknecht

Richtig Mountainbiken

Fahrtechnik und Training
für Fitness- und Ausdauersportler

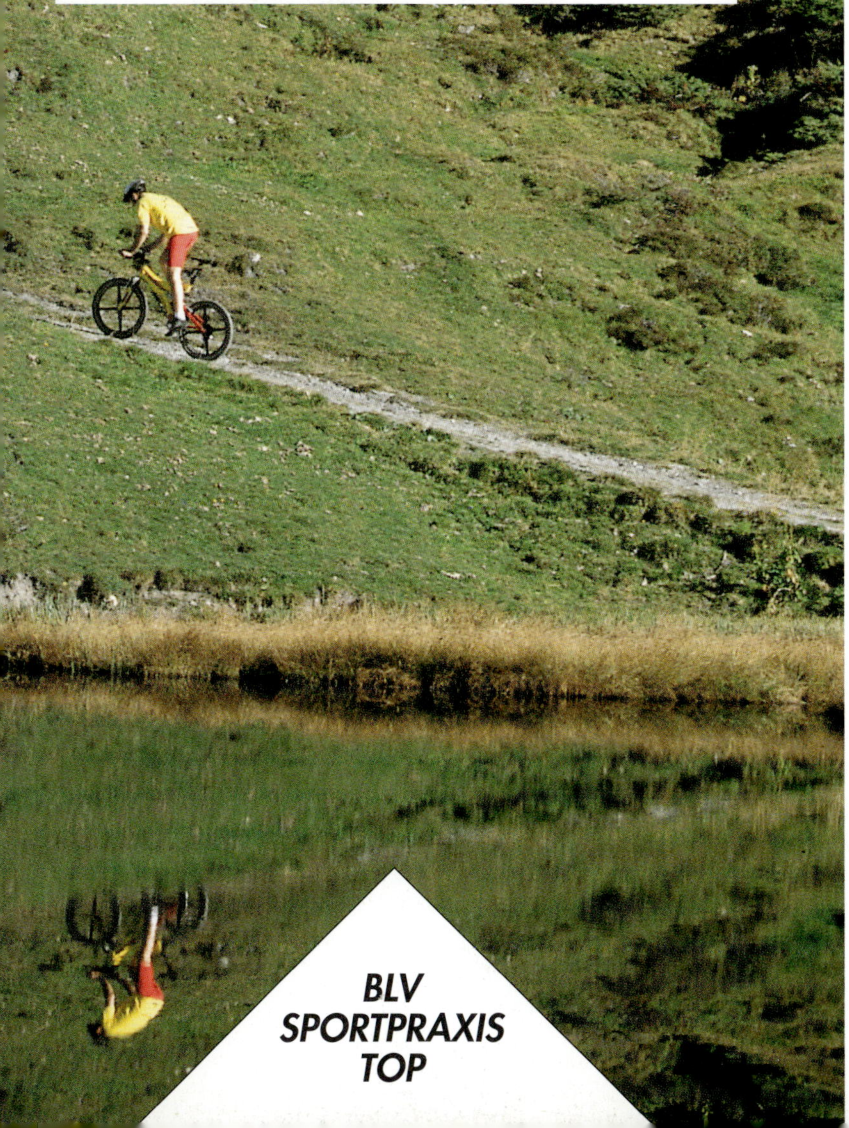

BLV
SPORTPRAXIS
TOP

Die Deutsche Bibliothek –
CIP-Einheitsaufnahme

Gerig, Urs:
Richtig Mountainbiken : Fahrtechnik und
Training für Fitness- und Ausdauersportler
/ Urs Gerig ; Thomas Frischknecht. –
München ; Wien ; Zürich : BLV, 1999
    (BLV Sportpraxis : Top)
    ISBN 3-405-15539-8

Urs Gerig (rechts), Jahrgang 1965, ist
Sportmasseur und Walking-Instruktor mit
Spitzensporterfahrung als Aktiver im Lauf-,
Triathlon- und Mountainbike-Sport. Er be-
treut Leistungs- und Gesundheitssportler
therapeutisch und präventiv und leitet Lauf-
seminare für Breitensportler.

Thomas Frischknecht (links), Jahrgang
1970, ist Mountainbike-Profi und fährt seit
10 Jahren konstant an der Weltspitze. Der
Silbermedaillengewinner der Olympiade
in Atlanta ist mit 4 Vizeweltmeister-Titeln,
15 Weltcup-Laufsiegen und 3 Weltcup-
Gesamtsiegen sowie 2 Weltmeister-Titeln
im Querfeldein einer der erfolgreichsten
Athleten im Radsport.

BLV Verlagsgesellschaft mbH
München Wien Zürich
80797 München

BLV Sportpraxis Top

© BLV Verlagsgesellschaft mbH,
München 1999

Satz, Layout und DTP:
Gaby Herbrecht, München
Herstellung: Rosemarie Schmid
Lektorat: Karin Steinbach
Druck: Appl, Wemding
Bindung: Conzella, Urban Meister,
München

Gedruckt auf chlorfrei gebleichtem Papier

Printed in Germany · ISBN 3-405-15539-8

Bildnachweis

Regina Maria Anzenberger: S. 56; Robert
Bösch: S. 4, 15, 76-82 (19), 87, 89, 92,
94, 95, 97, 101, 104, 108, 110 (2),
114; Heinz Endler/Look: S. 69, 123;
Thomas Frischknecht: S. 18, 112 (2);
Urs Gerig: S. 45, 118; A. Gonseth:
S. 2/3, 36, 45, 59, 90, 122; Kurt Grü-
ter: S. 100; John Kelly: S. 20, 93, 124;
David Madison: S. 6, 10/11, 47, 64, 84,
107, 121, 124; Odlo: S. 113; Martin
Platter/Velomedia: S. 13, 14, 29, 32, 52,
53, 99; Polar: S. 25; Herman Seidl:
S. 8, 28, 73, 75, 86, 91, 115, 120

Grafiken: Jörg Mair

Umschlagfotos: Herman Seidl (Vorder-
seite), Karin Steinbach (Rückseite)

Die Autoren danken den Firmen Odlo,
Polar Herzfrequenzmessgeräte und
Peul Izumi für ihre freundliche Unter-
stützung.

Inhalt

Inhalt

Rechte Seite: Mountainbiken verbindet
auf ideale Weise gesundheitlichen Nutzen und Vergnügen.

Mountainbiken – eine Sportart für alle

Die Übergänge vom gesundheits- und fitnessorientierten Breitensport zum Leistungssport sind beim Mountainbiken fließend. Wo hört der Fitnesssport auf, an welchem Punkt beginnt der Spitzensport? Wo liegen die Unterschiede?

Auch in diesem Buch laufen die verschiedenen Seiten dieser Sportart wie die Farben eines Regenbogens ineinander und vermischen sich zu einem Ganzen. Der Fitnesssportler kann von den Erfahrungen und Ratschlägen des Spitzensportlers profitieren und so seine meist knapp bemessene Trainingszeit systematischer und zielgerichteter einsetzen, um seine persönliche Leistungsentwicklung zu optimieren. Der leistungsorientierte Mountainbiker hingegen kann vom Gesundheitssportler vor allem in den Bereichen Verletzungsvorbeugung und Ausgleichstraining dazulernen.

Um den größtmöglichen Nutzen aus diesem praktischen Ratgeber zu ziehen, gilt es, die vielseitigen Informationen den eigenen Bedürfnissen anzupassen und sie dementsprechend umzusetzen, denn Mountainbiken ist eine Sportart, die für alle Bedürfnisse etwas bieten kann. Die individuellen körperlichen Voraussetzungen und die persönlichen Motivationen und Erwartungen an

Mountainbike-
Touren im
Gebirge sind
erlebnisreiche
Unterneh-
mungen.

diesen vielseitigen Sport spielen
eine entscheidende Rolle bei der
Einteilung in die unterschiedlichen
Zielgruppen.

Gesundheits- oder Leistungssport –
das ist letztendlich eine Frage der
persönlichen Einstellung. »Wieviel
Sport benötigt mein Körper?« fragt
sich der Gesundheitssportler. »Wieviel Sport verträgt er?« versucht der
Spitzensportler herauszufinden.
Haben Sie sich mit diesen grundsätz-
lichen Fragen schon auseinander-
gesetzt? Zu welcher Zielgruppe gehören Sie?

Gesundheits- und Fitnesssportler

Gut ein Drittel der Schweizer Bevölkerung legt pro Tag weniger als 800
Meter zu Fuß zurück. Zwei Drittel gehen weder zu Fuß zur Arbeit noch
fahren sie mit dem Fahrrad.
Der Bewegungsmangel gehört zu den
wichtigsten bekannten Gefahren für
unsere Gesundheit, und er ist der
am häufigsten vorkommende beein-
flussbare Risikofaktor. Krankheiten
des Herz-Kreislauf-Systems stellen

sowohl aus menschlicher als auch aus volkswirtschaftlicher Sicht eine große Belastung dar. In vielen Fällen führen sie zu Invalidität oder Arbeitsunfähigkeit und in jedem Fall zu einer starken Einschränkung der Lebensqualität. Doch die Hälfte der Herz-Kreislauf-Krankheiten sind vermeidbar! Einer regelmäßigen körperlichen Betätigung kommt deshalb größte Bedeutung zu, denn körperliche Aktivität trägt dazu bei, Krankheiten vorzubeugen und die Lebensqualität zu verbessern.

Vielfach bestehen neben dem Bewegungmangel weitere Risikofaktoren wie Rauchen, falsche Ernährungsgewohnheiten, Übergewicht, Zuckerkrankheit, Bluthochdruck oder Stress. Bewegung kann Ihnen helfen, diese nicht minder wichtigen Risiken abzubauen. Körperliche Betätigung sorgt dafür, dass all Ihre Körpersysteme besser zusammenarbeiten. Sie wirkt sich unter anderem günstig auf Stoffwechsel (Blutcholesterin) und hormonelle Vorgänge (Blutzucker) aus und senkt den Blutdruck. Außerdem wird die Neigung des Blutes, infarktauslösende Gerinnsel zu bilden, vermindert. Auch beim Knochenabbau (Osteoporose), bei Übergewicht und Gelenkerkrankungen spielt körperliche Aktivität eine vorbeugende Rolle. Schließlich wirkt sich Bewegung auf sämtliche Lebensbereiche positiv aus: Sie gewinnen mehr Selbstachtung und Selbstvertrauen, Sie können besser mit Stress umgehen und Sie genießen so eine deutlich höhere Lebensqualität.

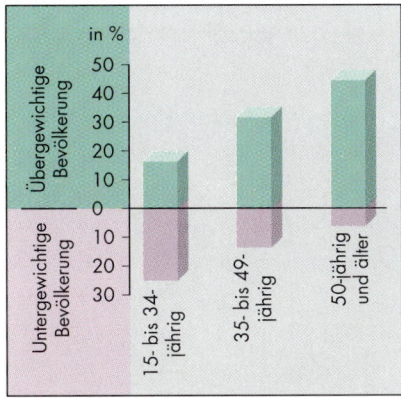

Je älter, desto schwerer: In den älteren Jahrgängen steigt der durchschnittliche Anteil der Übergewichtigen stark an.

Mäßig, dafür regelmäßig

»Gesund und leistungsfähig zu bleiben ist oftmals schwieriger, als es zu werden!« – Um der Gesundheit zu dienen, muss der Sport richtig dosiert werden (siehe Kapitel »Die richtige Trainingsintensität«). Zu starke Reize, Höchstleistungen und Überlastungen müssen vermieden werden. Mäßig, aber regelmäßig lautet das Motto. Für die körperliche Fitness gilt offenbar nicht die Devise, dass mehr in jedem Fall besser ist.

Leben ist Bewegung – und mehr Bewegung kann das Leben noch lebenswerter machen. Gesundheit und Wohlbefinden hängen in hohem Maße von körperlicher Aktivität ab. Um gesund zu werden oder zu bleiben, müssen Sie aber nicht jeden Tag einen Marathon laufen oder im Fitnesszentrum übernachten. Mäßige körperliche Arbeit schützt sehr viel besser vor Gesundheitsrisiken als die beiden Verhaltensextreme Faulheit

9

Eine Sportart für alle

Beim Biken
erleben Sie
Natur pur.

und Bequemlichkeit einerseits und intensiver Leistungssport andererseits. Ein hohes Maß an Fitness schützt nicht besser vor Herzkrankheiten als ein mittleres. Entscheidend ist, dass der Körper über ein Mindestmaß hinaus gefordert wird.

Regelmäßiges sportliches Training, gute Fitness, Wohlbefinden, Bewegung und Spaß in der freien Natur, keine oder nur selten Wettkämpfe – das sind die Bedingungen, die man erfüllen muss, um sich zu dieser Kategorie zählen zu können. Mountainbiken kann auch ohne Leistungsplanung, sporadisch durchgeführt und in Kombination mit anderen Aktivitäten, großen Spaß und ein gutes Lebensgefühl vermitteln.

Leistungssportler, Rennfahrer

Der leistungsorientierte Sport ist vergleichbar mit einem Orchester, dessen Musik vom reibungslosen und exakt aufeinander abgestimmten Zusammenspiel der einzelnen Mitglieder abhängt. Fällt ein Musiker mit seinem Instrument plötzlich aus, so kann der restliche Teil des Orchesters diesen Ausfall zwar durch lauteres Spielen ausgleichen, doch die Harmonie ist kurz- oder langfristig gefährdet, was zum Zusammenbruch des Ganzen führt.

Auch das Training des Leistungs- und Spitzensportlers wird durch verschiedene »Mosaiksteinchen« bestimmt.

Einzelne Parameter wie Ausdauer, Kraft, Beweglichkeit, Schnelligkeit und Koordination, aber auch Erholungsfähigkeit, Trainingsplanung, Material und Taktik müssen auf die individuellen Bedürfnisse abgestimmt werden. Sie bestimmen die Wirksamkeit des Trainings und den sportlichen Erfolg.

Dieses Buch liefert u. a. auch eine Anleitung zum zielorientierten Mountainbike-Training. Es soll keine sturen Trainingpläne liefern, sondern Informationen und Denkanstöße für die Trainingspraxis des Einzelnen liefern. Im heutigen Leistungssport gibt es keine Allgemeinrezepte – der beste Trainer steckt in uns selbst! Das Buch möchte Ihnen helfen, »Musik zu machen«, auf Ihr »Instrument« bzw. Ihren Körper zu hören und ihn richtig einzusetzen. Dabei geht es hauptsächlich darum, das richtige Trainingsmittel zur richtigen Zeit und in der richtigen Dosierung anzuwenden.

Polysportiver Leistungssportler

Er trainiert ebenfalls nach Trainingsplänen, und auch für ihn steht die Verbesserung der persönlichen Bestleistung im Vordergrund. Bei diesem emotionalen Typ ist die Abwechslung im Training sehr wichtig für Motivation und Leistung. Er trainiert vielseitig. In der Aufbauphase, in der nicht nur sportartspezifisch trainiert werden muss, versucht er die verschiedenen Konditionsfaktoren mit anderen, ergänzenden Trainingsmitteln abzudecken.

In diese Kategorie gehören auch körperlich nicht stark belastbare Athleten, denen zur Verletzungsvorbeugung eine möglichst vielseitige Trainingsbelastung empfohlen wird.

Einsteiger, Beginner

Mountainbiken eignet sich in idealer Weise auch für »Sportmuffel«, denen andere Sportarten zu anstrengend oder zu langweilig sind. Körperlich nicht aktive Menschen haben oft Gewichts- und meist auch Gelenkprobleme. Mountainbiken trainiert auf ge-

lenkschonende Art und Weise den gesamten Organismus und ist daher für Personen mit schwachen Gelenken oder Übergewicht geeignet. Wenn die Intensität richtig dosiert wird (richtige Fahrtechnik und Gangwahl), ist das Bike auch für Personen mit Konditionsproblemen und für Sporteinsteiger ein ideales Sportgerät und Transportmittel. Die größte Gefahr für Einsteiger liegt im allzu heftigen Start eines sportlichen Programms. Wer sich schon beim ersten Mal total verausgabt, verliert bald die Lust am Biken. Machen Sie es darum richtig (siehe Kapitel »Die richtige Trainingsintensität«) und stellen Sie sich ein realistisches Minimalprogramm zusammen, das Sie wirklich einhalten können.

Mountainbiken hat sich schnell zum Leistungssport entwickelt: Weltcup-Austragung.

Freizeitsport
Mountainbiken

Entscheiden Sie sich für ein bewegteres Leben. Wenn Ihnen dieses Buch den richtigen Impuls dafür geben kann, haben wir unser Ziel erreicht.

Nobody is perfect

Gesundheit ist ein Nebeneffekt von richtiger Ernährung, Atmung und Bewegung. Oft beginnt man erst spät, etwa gegen das 40. oder 50. Lebensjahr, zu ahnen, wie wertvoll Gesundheit, Wohlbefinden und eine Verlängerung des Lebens sein kön-

nen. 85% aller Krankheiten sind direkt auf die Lebensweise zurückzuführen. Das ist zwar eine bedenkliche Tatsache, aber das Gute daran ist, dass jeder Einzelne seine Lebensgewohnheiten ändern und aktiv etwas für seine Gesundheit unternehmen kann.
Langjährige Lebensgewohnheiten langsam zu verändern verlangt zwar Entschlossenheit, den Glauben, es auch zu können, und eine gute Portion Mut, aber fürchten Sie sich nicht vor Rückschlägen oder Niederlagen.

Nobody is perfect! Nicht das Ergebnis ist wichtig, sondern der Weg dorthin ist ausschlaggebend. Der immerwährende Versuch, Gesundheit und Leistungsfähigkeit zu bewahren oder zu verbessern, ist von großer Bedeutung. Wer sich regelmäßig mit seinem Körper beschäftigt, dem fallen Veränderungen und Störungen schneller auf und der kann entsprechende Maßnahmen zur Genesung schon frühzeitig ergreifen. Die »Bewegungstherapie« ist mit Abstand die wirkungsvollste Möglichkeit der Gesundheitsförderung.

Downhiller, BMX-Fahrer

Der Abfahrer oder Trickfahrer ist der Techniker unter den Mountainbikern. Material- und Fahrtechnik werden bei ihm groß geschrieben. Wie der polysportive Fahrer ist der Downhiller ein eher gefühlsbetonter und emotionaler Athlet. Sein Training ist spielerisch und lustbetont aufgebaut. Er ist nicht unbedingt ein Liebhaber einer konsequenten Trainingsplanung. Vor allem der leistungsorientierte Abfahrer kennt die positiven Auswirkungen eines regelmäßigen Ausdauer- und Krafttrainings auf die Fahrtechnik und das persönliche Wohlbefinden. Trotzdem kopiert er nicht die Trainingspläne eines Cross-Country-Fahrers, sondern trainiert vielseitig und seinem Naturell entsprechend.

Nach dieser intensiven Auseinandersetzung mit den verschiedenen Erscheinungsformen des Mountainbike-Sports erkennt man bereits dessen Vielseitigkeit. Motivation und persönliche Zielsetzungen können sich im Laufe der Zeit ändern. Die Trainingsbelastungen sollten deshalb laufend an die jeweilige Lebenssituation angepasst werden.

High-Tech-Disziplin: Downhill

Die Geschichte des Mountainbikes

Schon seit der Erfindung des Zweirades beschränkte sich dessen Einsatzbereich nicht nur auf guten Straßenbelag. Schon früher bewegte man sich gern im Gelände, und bereits zu Beginn des 20. Jahrhunderts wurden Cross-Rennen ausgetragen. Mit Herstellung der ersten großvolumigen Reifen Anfang der dreißiger Jahre wurde es noch leichter, sich abseits von großen Straßen zu bewegen. Die Entwicklung des heutigen Mountainbikes nahm aber erst in den frühen siebziger Jahren im Land der unbegrenzten Möglichkeiten ihren Anfang.

Cruisers, Ballooners and Clunkers

In Marin County, California, unmittelbar nördlich der Golden Gate Bridge von San Francisco, ragt der Mount Tamalpais (kurz Mount Tam) aus dem Ozean. Er war Übungsgebiet und Trainingsgelände einer Gruppe eingefleischter Bike-Freaks, die mit ihren sogenannten Cruisers, Ballooners oder Clunkers die unendlichen Forstwege unsicher machten. Die »Bikes« (Schwinn-Modelle der dreißiger bis fünfziger Jahre) waren mit nur einem Gang, Rücktritt, breitem Lenker und großvolumigen Reifen auf Stahlfelgen ausgerüstet.

Die vier Bike-Pioniere Garry Fisher, Charly Kelly, Joe Breeze und Tom Ritchey sorgten dafür, dass sich dieser Spaß zu einer richtigen Massensportart weiterentwickelte. Garry Fisher beschäftigte sich als erster mit der Montage eines Kettenwechslers, um mehrere Gänge für das Bergauffahren zur Verfügung zu haben. Die verbesserten Übersetzungen waren aber nur ein Mittel zum Zweck.

Das Wichtigste war immer noch die Mount-Tam-Abfahrt. Im September 1976 organisierte Charly Kelly zum ersten Mal das legendäre Repack Downhill. Nach jedem Abfahrtslauf mußte der Rücktritt zerlegt und neu geschmiert werden, weil das Schmierfett vom vielen Bremsen ausbrannte – daher auch der Name »Repack«. Kelly war weniger ein Tüftler, aber mit seinen Publikationen im *Outside Magazine* 1979 und der Herausgabe des ersten Mountainbike-Szenenblattes *Fat Tire Flyer* maßgeblich daran beteiligt, dem neuen Sporttrend aus Kalifornien Bekanntheit zu verschaffen.

Joe Breeze war der Dritte im Bunde. Er entwickelte im September 1977, als die alten Schwinn-Rahmen den steigenden Anforderungen nicht mehr standhielten, einen neuen Rahmen. Dieser Stahlrahmen hatte in Konstruktion und Geometrie große Ähnlichkeit mit den heute erhältlichen Mountainbikes und wurde zum Prototyp. Joes Bike-Kumpels waren davon so begeistert, dass er für sie bis Mitte 1978 neun weitere Modelle herstellte.

The Ritchey Mountain Bike

Zu jener Zeit hatte der 21-jährige Tom Ritchey einen guten Namen im Rennrahmenbau. Er besaß große Erfahrung in diesem Bereich, denn schon als 14-jähriger hatte er seine ersten Rahmen konstruiert. Von Joe Breeze inspiriert, baute er Ende 1978 seine ersten Mountainbikes. Der Erfolg brachte Fisher und Breeze 1979 dazu, eine Firma unter dem Namen »Ritchey Mountain Bikes« zu gründen. Das war die Erfindung des Wortes Mountainbike!

Da noch nichts Gleichartiges erhältlich war, mußten einzelne Komponenten wie Lenker, Vorbau, Sattelstütze und Tretlagergarnitur selbst hergestellt werden. Andere Teile, wie zum Beispiel die 18-Gang-Suntour-Schaltung, wurden aus dem Touring-Bereich übernommen. Das Ritchey Bike wog 17 Kilogramm. Bis Ende 1979 wurden 400 davon verkauft. Die Verbreitung des Mountainbikens beschränkte sich aber immer noch auf das nördliche Kalifornien.

Im Januar 1980 wurde das »Ritchey Mountain Bike« auf der internationalen Bike Show in Annaheim vorgestellt. Es eroberte die Titelseite des *Bicycling Magazine*, einer renommierten amerikanischen Fachzeitschrift, und löste im ganzen Land große Begeisterung aus. Mike Synard, Gründer und Inhaber der Firma »Specialized«, erkannte die Chance, kaufte vier von Ritcheys Bikes und schickte drei davon nach Japan in die Massenproduktion.

Das Resultat war der »Stumpjumper«, der 1981 auf den Markt kam.

Fisher und Kelly trennten sich 1983 von Ritchey, um wie viele andere ihr eigenes Geschäft zu starten. Der Anfang einer Entwicklung mit Schneeballeffekt war gemacht. Heute ist der Mountainbike-Sektor einer der wirtschaftlich wichtigsten Bereiche der Fahrradbranche.

Vom Fun- zum Olympiasport

Parallel zur Geschichte des Mountainbikes hat auch der Mountainbike-Rennsport seinen Anfang in den Vereinigten Staaten genommen. Bald nach dem Verkauf der ersten Mountainbikes in Kalifornien folgten die ersten Wettkämpfe. Im Gegensatz zum legendären Repack Downhill war Anfang der achtziger Jahre eine große Schleife von bis zu 50 Kilometern zu bewältigen, genannt Cross-Country. 1983 wurde erstmals unter der Bezeichnung Norba (National Offroad Bicycle Association) eine US-Meisterschaft ausgetragen.

Eine Frau machte damals Furore, weil sie mit den Männern durchaus mithalten konnte und so die ersten drei Jahre mit Leichtigkeit zum Damentitel kam: Jacquie Phelan, die mit ihrer journalistischen Tätigkeit und der Gründung der Frauen-MTB-Gruppe Wombats (Women's Mountain Bike and Tea Society) hauptverantwortlich für die Etablierung des Frauenrad-

17

sports in den USA ist und war. Daher rührt auch ihr Spitzname »The Lady of Mountain Biking«.

Parallel zum boomenden Markt bildeten sich langsam die ersten Profi-Teams. 1987 fand das erste große Rennen auf europäischem Boden statt, die inoffizielle WM in Villars de Lans (Frankreich). 1988 kam dann der Stein auch in Europa richtig ins Rollen. Der deutsche Elektronikhersteller Grundig organisierte unter der Bezeichnung Grundig Challenge Cup

Mountainbiken hat auch seinen Einzug in die olympischen Disziplinen gehalten.

eine Serie von Rennen in ganz Europa, die 1991 ihre Fortsetzung im Grundig World Cup fand. Dem Engagement von Grundig ist es zu verdanken, dass Mountainbiken so rasch »salonfähig« wurde. Durch professionelle Organisation und Belieferung der Fernsehstationen mit spektakulären Bildern nahm die Medienpräsenz laufend zu. In Europa gab es neben der WM auch erstmals eine EM. Beide Meisterschaften wurden in der Schweiz ausgetragen. In den USA dehnten sich die Norba Nationals zur Serie aus, und neue Disziplinen wie Trial (Hindernisparcours), Hillclimb (Bergrennen), Dualslalom (Parallelslalom) und Downhill (Abfahrt) wurden eingeführt. Letzteres entwickelte sich zur spektakulären Spezialdisziplin, die schließlich sogar die Mountainbike-Szene in zwei Lager zu spalten vermochte.

Im Gegensatz zu heute gingen die Fahrer damals in allen Disziplinen an den Start, denn es gab auch eine Wertung für den Gesamtsieger eines Wochenendes. Zum letzten Mal gab es 1989 inoffizielle Weltmeisterschaften, dafür gleich zwei: eine in Spa, Belgien, und eine in Mammoth Lakes, Kalifornien. 1990 nahm die UCI (Union Cycliste Internationale) Mountainbiken neben Straßen- sowie Bahnrennen und Querfeldein-Radrennen in ihr Programm auf. Im September trafen sich 24 Nationalteams in Durango, Colorado, zur ersten offiziellen WM. Medaillen gab es für die ersten drei im Cross-Country und im Downhill.

Die Sieger in Trial, Bergrennen und Parallelslalom blieben ohne Titel. Markant für dieses Jahr war auch der Fortschritt auf dem Materialsektor. Rock Shox beglückte die Rennszene mit einer Teleskop-Federgabel, Shimano führte seine beidseitig bedienbaren Klickpedale ein, und auf die Rennbikes wurden Barends (Lenkerhörnchen) montiert. Mit je fünf Rennen in Europa und in Amerika kam 1991 der Grundig World Cup zur Uraufführung.

Während der Weltmeisterschaft 1993 in Métabief (Frankreich) wurde bekannt gegeben, dass das Mountainbike-Cross-Country vom Olympischen Komitee (IOC) für Atlanta 1996 ins offizielle Olympiaprogramm aufgenommen wurde. Das bedeutete den definitiven Durchbruch in der Sportwelt. Die kritischen Stimmen, dass Mountainbiken nur ein kurzer Boom sei, verstummten plötzlich, und die zu Anfang noch belächelten Fun-Sportler wurden von nun an als Spitzensportler anerkannt. In der Folge wuchs das Interesse am Mountainbiken nochmals stark an, nicht nur bei den Medien. Auch Sponsoren, die nicht aus der Fahrradbranche kamen, meldeten sich. Die Spezialisierung von Cross-Country und Downhill wurde 1994 frappant. Die vollgefederten Bikes sind aus dem Downhill-Business heute kaum mehr wegzudenken. Die dadurch aggressiver gewordene Fahrtechnik bedarf besonderen Trainings und speziellen Materials, was es Cross-Country-Fahrern erschwert,

Downhill-Rennen zu bestreiten. Hingegen verschreiben sich die Downhiller gern dem immer mehr aufkommenden Parallelslalom.

Das olympische Cross-Country-Rennen von Atlanta wurde 1996 zu einem Meilenstein in der Geschichte des Mountainbike-Sports. Der Wettkampf fand vor einer riesigen Zuschauerkulisse statt und wurde live in die ganze Welt übertragen. An diesem Tag sicherte sich das Mountainbiken eine definitive Präsenz in der breiten Öffentlichkeit.

Das Fahrrad als Alltagsverkehrsmittel

In den sechziger Jahren, als die Automobilindustrie boomte, machte man sich über Umwelt und Gesundheit noch keine großen Gedanken. Radfahrer genossen wenig Ansehen und wurden häufig belächelt.

Die Zeiten haben sich geändert; seit Luftverschmutzung und Ozonloch, Bewegungsmangel, Übergewicht und Zivilisationskrankheiten unsere Lebensqualität bedrohen, hat sich das Fahrrad wieder als ideales Fortbewegungsmittel und Sportgerät erwiesen. Es verursacht weder Lärm noch Abgase, verbraucht keinen Sauerstoff (im Gegensatz zum Betreiber) und schlägt alle anderen Transportmittel bezüglich des Energieaufwands für Herstellung und Transport mühelos. Radfahren macht außerdem Spaß und hält fit und gesund.

19

Radkuriere sind mittlerweile ein alltäglicher Anblick geworden.

Für den Einsatz in der City ist das Rad besonders geeignet. Untersuchungen haben gezeigt, dass man im städtischen Bereich mit dem Fahrrad auf einer Strecke bis zu fünf Kilometern dem Auto sogar überlegen ist. Das beweisen unter anderem die Fahrradbotendienste, die seit den sechziger Jahren in allen größeren Städten der Welt florieren. Mit dem Rad ist man wendig, kann Abkürzungen fahren und somit Verkehrsstaus und Engpässe umgehen; am Zielort benötigt man nur eine kleine Fläche als Abstellplatz.

Noch ist man von fahrradfreundlichen Einrichtungen und geschlossenen Radwegnetzen in vielen europäischen Städten weit entfernt. Die Integration des Fahrradfahrers als Verkehrsteilnehmer lässt in vielen Bereichen noch Fragen offen. Doch angesichts der vielen großen Vorteile, die das Fahrrad im städtischen Bereich mit sich bringt, wird sich dieser Trend zweifellos durchsetzen.

Die richtige Trainingsintensität

Der Körper mit all seinen Teilen muss ständig gefordert werden. Fällt eine gewisse Mindestbelastung über längere Zeit aus, reagiert er mit Abbau. Muskeln, die nicht genutzt werden, schwinden, nicht beanspruchte Bänder erschlaffen, Lungen- und Herzvolumen gehen zurück.

Die optimale Trainingsintensität ist der Bereich zwischen Unterforderung und Überlastung. Doch vor allem für Einsteiger, aber auch für Fortgeschrittene ist es nicht immer einfach, das richtige Maß zwischen ungesundem »Zuviel« oder »Zuwenig« zu finden. Überlastung und falsches Training schwächen den Organismus, und der Körper muss hart arbeiten, um sein Gleichgewicht wieder zu finden. Zu niederschwellige Trainingsbelastungen haben andererseits keine merkbaren positiven Effekte auf die körperliche Leistungsfähigkeit: Erst nach 20–25 Minuten weiß Ihr Körper, dass Sie trainieren, und reagiert mit positiven chemischen Veränderungen im Herz, im Blut, in den Knochen und in vielen anderen Bereichen.

Hören Sie auf Ihr Herz

Messen Sie den Effekt des Mountainbike-Trainings nicht an der Anstrengung oder dem Schweiß, sondern versuchen Sie es mit einer zuverlässigeren Messmethode – messen Sie Ihre Herzfrequenz. Das Herz ist eine Art Barometer für den Rest Ihres Körpers; es sagt Ihnen, wie hart Sie trainieren und wie Ihr emotionaler Zustand ist. Es sammelt diese physiologischen Variablen, misst sie und meldet sich mit einem Signal, das Auskunft über Ihre allgemeine Kondition gibt.

Dieses Signal ist Ihre Herzfrequenz. Die Herzfrequenz ist ein echtes Maß für die Effizienz Ihres ganzen Körpers. Sie ist ein Anzeichen für die Blutmenge, die Ihr Herz pumpt, und je höher die Herzfrequenz ist, desto mehr Energie wird benötigt, um das Blut zu pumpen. Die Informationen, die Sie über die Herzfrequenz von Ihrem Herz erhalten, sind deshalb wichtige Messgrössen für die richtige individuelle Trainingbelastung.

Maximale Herzfrequenz (MHF)

Der Ausgangswert für die im Folgenden vorgestellten, einfach anwendbaren Herzfrequenzformeln ist die maximale Herzfrequenz (MHF). Der Wert der MHF entspricht der maximalen Häufigkeit, mit der Ihr Herz sich innerhalb einer Minute zusammenziehen kann. Die MHF scheint genetisch festgelegt zu sein und kann durch Training, welcher Art auch immer, nicht merklich beeinflusst werden. Der Altersprozess ist der einzige Faktor, der die MHF verändern kann, und zwar nach unten.

21

Es gibt verschiedene Methoden zur Bestimmung der Trainingsintensität. Die von der MHF ausgehende Intensitätsbestimmung ist aber am einfachsten zu handhaben und kostengünstig. Es gibt eine mathematische Formel, die Ihnen die Voraussage Ihrer persönlichen MHF mit einiger Genauigkeit ermöglicht. Sie wird die »altersangepasste Formel« genannt. Da es für Einsteiger oder Rehabilitanden nicht angebracht ist, selbständig einen maximalen Belastungstest vorzunehmen, bietet sich diese Formel gut an, wenn Sie sich die Kosten für einen ärztlichen Belastungstest sparen wollen.

Altersangepasste maximale Herzfrequenz

Frauen: 226 minus Lebensalter
Männer: 220 minus Lebensalter

Standardformeln bezeichnen immer nur einen Mittelwert. Für einen mehr oder weniger großen Teil treffen sie deshalb nicht zu. Personen gleichen Alters können sich hinsichtlich ihrer Herzfrequenz erheblich voneinander unterscheiden, manchmal um 40 Schläge pro Minute: Ihre Herzen schlagen schneller oder langsamer als die für ihr Alter angegebenen Höchstwerte.
Die Werte 226 und 220 scheinen die genauesten Annäherungen an die durchschnittlichen MHF-Werte von Frauen und Männern zu sein, wenn man die Frequenz nach der Pubertät misst. Diese Formel sollte

deshalb nicht auf Kinder angewandt werden. Die Herzfrequenz von Frauen liegt bei identischer Belastungsintensität in der Regel 5–7 Schläge pro Minute höher als die von Männern, was auf die proportional geringere Herzgröße von Frauen zurückzuführen ist.
Die altersangepasste MHF-Formel stellt eine gute Orientierungshilfe dar und gibt Ihnen als Basis einen groben Annäherungswert. Doch vielleicht sind Sie nicht »durchschnittlich« und gehören zu den 20–30%, die nicht dieser Regel entsprechen. Vielleicht sind Sie auch einfach fitter als der Durchschnittsamerikaner, von dem diese Werte ermittelt worden sind. Wie bei jeder Standardregel kann es auch bei der Anwendung dieser Formel zu großen Diskrepanzen kommen. Vergessen Sie nicht, auf Ihre innere Stimme zu hören! Wenn Sie das (Körper-)Gefühl haben, dass Sie mit den empfohlenen Richtwerten im Training über- bzw. unterfordert sind, dann vergessen Sie die Formel und bestimmen Sie Ihre Trainingsgeschwindigkeit anders (siehe Maximalpulstest, S. 65).

Die Herzfrequenz in Ruhe

Ruhe-Herzfrequenzen können sich bei Personen gleicher Größe, gleichen Gewichts und desselben Alters um 50–60 Schläge unterscheiden. Trainierte Menschen weisen niedrigere Herzfrequenzen auf. Bei einigen liegt die Ruhe-Herzfrequenz unter 40 Schlägen pro Minute. Untrainierte

Menschen haben dagegen manchmal eine Ruhe-Herzfrequenz von über 100 Schlägen pro Minute.

Eine niedrige Ruhe-Herzfrequenz ist eine Konsequenz des körperlichen Trainings und ermöglicht ein längeres Ruheintervall zwischen den einzelnen Herzschlägen. In der Folge muss das Herz weniger arbeiten, es kann sich stärker ausruhen und altert deshalb langsamer.

Dank einer niedrigeren Schlagfrequenz haben die Herzkammern mehr Zeit, sich mit Blut zu füllen. Je mehr Blut die Kammern füllt, desto mehr werden sie gedehnt. Dies bedeutet eine stärkere Kontraktion und einen größeren Blutausstoß. Mit richtig dosiertem Training kann jeder Biker diese Effekte erreichen.

Die Herzfrequenzkontrolle ist aber nicht nur während des Trainings auf dem Fahrrad ein gutes Kontrollmittel. Sie können beispielsweise auch den Morgenpuls nach dem Aufwachen messen. Ein erhöhter Wert der morgendlichen Ruhe-Herzfrequenz um mehr als 10 Schläge pro Minute kann auf eine Anzahl von Problemen hinweisen: Übertraining, Übermüdung, leichte Verletzung, Fieber oder ein stressbedingtes Problem.

Wenn Sie Ihre Erholungs-Herzfrequenz messen, zeigt Ihnen die Anzahl der Schläge, um die sich die Herzfrequenz unmittelbar nach der Belastung reduziert, Ihre Trainingsfortschritte. Nehmen Sie dafür den Belastungswert und warten Sie 3 Minuten, um den neuen Wert zu ermitteln. Je größer die Herzschlagdifferenz,

desto besser ist Ihre Ausdauerfähigkeit. Wenn Ihr Konditionszustand nachlässt, steigt Ihre Ruhe-Herzfrequenz wieder an.

Finden Sie Ihre persönliche Herzfrequenzzone

Der Körper reagiert, je nachdem in welcher Herzfrequenzzone Sie trainieren, mit unterschiedlichen Reaktionen und Anpassungen. Der Bereich zwischen 65 und 80% der maximalen Herzfrequenz ist ein Richtwert, in dem das Training am wirkungsvollsten und die Fortschritte am größten sind.

Es gibt verschiedene Herzfrequenzorientierte Trainingszonen. Training in einer oder mehreren dieser Zonen kann eine wichtige Rolle in Ihrem Trainingsprogramm spielen – das hängt von Ihren Zielen und Bedürfnissen ab. Wichtig für Sie ist zu wissen, dass Ihr Körper mit unterschiedlichen Anpassungsreaktionen reagiert, je nachdem in welcher Herzfrequenzzone Sie regelmäßig trainieren. So wird etwa die Energiegewinnung aus den körpereigenen Fettreserven am meisten gefördert, wenn Sie in einem Herzfrequenzbereich trainieren, der 55–65% Ihrer MHF entspricht. Mit einer höheren Trainingsintensität, im Bereich von 65–85%, wird dagegen vor allem die Fitness verbessert. Mit zunehmender Intensität erhöht sich automatisch die Trainings-Herzfrequenz.

Die Gesundheitszone

Die Gesundheitszone reicht von 55–65 % der MHF. Dies ist die Trainingszone, die Ihr Herz genügend belastet, damit es stärker und in die Lage versetzt wird, ein andauerndes, mäßiges Tempo durchzustehen. Die körperliche Belastung in dieser Trainingszone reicht aus, um Ihr Wohlbefinden zu steigern sowie Ihre Gesundheit und Ihr Immunsystem zu verbessern und zu stabilisieren. Wenn Sie als Einsteiger in die nächsthöhere Trainingszone wechseln möchten, ist es ratsam, die obere Trainingsherzfrequenz in Schritten von 5 Schlägen/Min. zu erhöhen. Wenn Sie einige Wochen mit 65 % Ihrer MHF gefahren sind, so bewegen Sie sich neu im Bereich von 70 % der MHF. Ihre Gesundheitszonen-Herzfrequenz (HF_G) bestimmen Sie folgendermaßen:

Gesundheitsformel

HF_G = MHF x 0,55 (Untergrenze)
HF_G = MHF x 0,65 (Obergrenze)

Die Fettverbrennungszone

Dies ist vermutlich für die meisten die interessanteste Trainingszone, und doch trainieren relativ wenige Leute bewusst und regelmäßig in diesem Trainingsbereich. Die Kalorien, die Sie in dieser Trainingszone verbrennen, stammen vorwiegend aus dem Körperfett.

Die Fettverbrennungszone ist die Zone, in der lang andauernde Ausfahrten mit niedriger Intensität eine wichtige Rolle spielen. Fett verbrennt langsam, aber es verbrennt in größeren Mengen, wenn die Belastung niedrig gehalten wird. Sobald Sie außer Atem geraten, verbrennen Sie nicht länger Fett: Ihr Körper verbraucht so viel Sauerstoff, dass für die Fettverbrennung nicht genug übrig bleibt. Erfolgreicher Fettabbau verlangt also nach einer kontinuierlichen Aktivität, bei der die Herzfrequenz niedrig ist und die man möglichst lange mit Spaß betreiben kann. Mountainbiken ist dafür ideal.

Fettverbrennungsformel

HF_V = MHF x 0,55 = (Untergrenze)
HF_V = MHF x 0,65 = (Obergrenze)

Die Fettverbrennungszone ist die wichtigste Zone für diejenigen, die hauptsächlich daran interessiert sind, überschüssiges Körpergewicht abzubauen, bzw. die in einem schlechten Fitnesszustand sind. Ihre Fettverbrennungszone (HF_V) finden Sie nach derselben Formel wie die Gesundheitszone, wobei Sie aber häufiger und länger trainieren.

Die Fitnesszone

Mountainbike-Trainingseinheiten innerhalb der Fitnesszone bedeuten nicht nur positive Auswirkungen für Ihr Herz, sondern auch für Ihr Atmungssystem und die Ausdauer.

Wenn Sie innerhalb dieser Zone trainieren, verbessern Sie die Fähigkeit Ihres Körpers, Sauerstoff zu den arbeitenden Muskulaturen zu transportieren und verbrauchten Sauerstoff schnell abzutransportieren.
Trainieren Sie oft im Bereich von 65–85 % Ihrer MHF, werden sowohl die benötigte Trainingszeit als auch Ihr Energieaufwand spürbar sinken. Die positiven Auswirkungen auf die Fitness und die allgemeine körperliche Leistungsfähigkeit sind bei häufigen Trainingseinheiten in diesem Bereich am besten spürbar. Es wird zwar ein kleinerer Anteil an Fettkalorien verbrannt, aber auch Herz und

> **Fitnessformel**
>
> $HF_F = MHF \times 0{,}65 =$ (Untergrenze)
> $HF_F = MHF \times 0{,}85 =$ (Obergrenze)
> oder
> $HF_F = 220 - \frac{1}{2}$ Lebensalter*
>
> * Die »½-Lebensalter-Variante« nimmt mehr Rücksicht auf die Altersunterschiede. Die Zielwerte können deshalb bei dieser Variante höher ausfallen.

Lunge werden durch die höhere Belastungsanforderung gekräftigt und der erhöhte Grundumsatz des Körpers kann bis zu 4 Stunden nach dem Training anhalten. Mountainbike-Training in der Fitnesszone kann anstrengend sein, sollte Sie aber nicht erschöpfen.

So messen Sie Ihre Herzschläge

Um die Herzschläge zu messen, gibt es verschiedene, mehr oder weniger genaue Messmethoden.

Elektronische Herzfrequenzmessgeräte

Am zuverlässigsten und bequemsten sind drahtlose elektronische Herzfrequenzmessgeräte. Sie messen die elektrische Frequenz des Herzens: die Anzahl der Schläge pro Minute, mit denen das Herz arbeitet. Diese Herzfrequenzmessgeräte verwenden Elektroden und messen die elektrischen Veränderungen des Herzens. Sie sind äußerst genau und

Herzfrequenzmessung mit elektronischen Geräten

25

können vielfältig programmiert werden. Herzfrequenzmessgeräte sind verlässliche Bio-Feedback-Geräte, mit deren Hilfe man sehr viel über die Auswirkungen bestimmter mentaler und körperlicher Zustände lernen kann. Die Anschaffungskosten liegen bei ca. 180–400 DM; sie sind im Sportfachhandel erhältlich.

Training mit Gefühl

Trainiert man »herzfrequenzkontrolliert«, sollte man lernen, auch ohne »elektronischen Helfer« die Verantwortung für seinen Körper zu tragen und sich mit dessen Reaktionen auseinanderzusetzen. Die Herzfrequenz als Indikator für das körperliche Befinden kann nämlich von Tag zu Tag variieren. Fitnessgrad, Müdigkeit, Stimmungsschwankungen, Hormonstoffwechsel, Flüssigkeitshaushalt und nicht zuletzt die Trainingsplanung können sie beeinflussen. Lernen Sie auch auf Ihre Atmung und auf Ihr Wohlgefühl zu vertrauen, um die Intensität Ihres Trainings zu bestimmen.

Können Sie während des Bikens ohne Probleme atmen und sprechen? Dann liegen Sie höchstwahrscheinlich unterhalb des aeroben Bereiches. Sie trainieren aerob, wenn Sie tief atmen, ohne nach Luft zu schnappen, und sich stockend unterhalten können, ohne pausenlos zu reden. Wenn Sie aber keuchen und nicht mehr als drei Worte herausbringen, sind Sie über dem aeroben Niveau, im anaeroben Bereich.

Von den drei Übungsvariablen – Intensität, Dauer und Häufigkeit – erhöht die Intensität das Konditionsniveau am schnellsten. Gleichgültig, ob Sie superfit oder nur mäßig in Form sind, mit Radtraining im Bereich von 80 % der MHF verbessern Sie Ihre Leistungsfähigkeit am schnellsten.

Doch Achtung: Zu hohe Intensitäten können sich auch negativ auswirken und einen guten Trainingszustand zunichte machen. Es ist eine Kunst, die intensiven Belastungen richtig zu dosieren, denn je intensiver eine körperliche Belastung ist, desto länger braucht der Körper, um sich davon zu erholen, und desto seltener sollte sie wiederholt werden.

Der erfahrene Ausdauersportler schafft sich mit intensitätsarmem Training eine solide Ausdauerbasis und verbessert, wenn angemessen, seine Leistungsfähigkeit zusätzlich mit intensivem Training. Eine Kombination von beidem bringt die größten Vorteile.

Achten Sie auf Übertraining

Lässt Ihr Konditionsniveau nach, obwohl Sie mehr trainieren, wird dieser Zustand als Übertraining bezeichnet. Sowohl unsportliche Personen als auch mäßig oder sehr gut trainierte Sportler können übertrainiert sein. Doch meistens sind die »Freaks« damit konfrontiert: weil sie oft denken, mehr Training bringe noch mehr, weil sie nur ungern aufgeben und zu viel bzw. vor allem zu intensiv trainieren.

Etwas Eigenartiges passiert, wenn wir zu viel trainieren: Viele positive Effekte des Ausdauertrainings kehren sich um in negative. Das Immunsystem ist geschwächt, Sie fühlen sich schlapp und lustlos und sind nicht mehr ausgeglichen. Das »Übertrainingssyndrom« wirkt sich auf den Körper und den Geist aus. Sie freuen sich nicht mehr auf Ihre nächste Trainingseinheit und sind nicht mehr in der Lage, Ihr Leistungsniveau aufrechtzuerhalten. Meistens sind Sie entweder verärgert oder depressiv. Ein typisches Merkmal des Übertrainings ist die Appetitlosigkeit. Genau dann, wenn Ihre Muskeln am dringendsten Kalorien und Glykogen benötigen, haben Sie keinen Hunger. Falls Sie hart und ausdauernd trainieren, stellen Sie sicher, dass Sie genug Kalorien und vor allem ausreichend komplexe Kohlenhydrate zu sich nehmen. Obwohl die Leber Glykogen auch aus Proteinen herstellen kann, bevorzugt sie Kohlenhydrate. Es stimmt, dass Sportler bei intensiven Übungen viele Proteine brauchen, aber sie sollten auch Obst, Gemüse und Kohlenhydrate wie Nudeln und Müsli essen. Ansonsten werden die Proteine aus der Nahrung zum Glykogenaufbau verbraucht, anstatt die Muskeln zu erneuern.

Nehmen Sie die Ruhephasen genauso ernst wie das Bike-Training! Das Muskelgewebe wird während einer Übung nicht gekräftigt, sondern geschwächt. Es benötigt Zeit, um sich zu erneuern und wieder aufzubauen. Kontinuierliches hartes Training beansprucht ständig die Muskeln, ohne dem Gewebe Zeit zur Regeneration zu lassen.

Die Liste von Problemen bei Übertraining ist lang, und sie müssen natürlich auch nicht alle bei Ihnen auftreten. Doch bemerken Sie vier oder fünf der angesprochenen Symptome, befinden Sie sich wahrscheinlich in einem Zustand des Übertrainings. Menschen, die die Symptome eines Übertrainings ignorieren, brauchen oft eine Erholungszeit von mehreren Monaten.

Das Risiko des Übertrainings kann reduziert werden, indem man den Umfang, die Intensität und die Art des Trainings variiert. Praktische Tipps und ein gute Anleitung für »Training mit Köpfchen« finden Sie ab S. 52. Wenn Sie glauben, nicht einen Tag mit dem Training aussetzen zu können, dann sollten Sie eine andere gelenkschonende Sportart wählen (siehe Kapitel »Cross-Training«, S. 87 ff.).

Erholung kann auch Training sein

Nach 3–4 Monaten Biken stellen sich, je nach Zielgruppe, bereits deutliche Veränderungen und Verbesserungen in Kreislauf und Atmung ein. Körperfett wird abgeschmolzen, erhöhter Blutdruck sinkt und die Cholesterinwerte des Blutes verbessern sich. Die Vitalität steigt an, Stimmungsschwankungen werden gerin-

Die richtige Trainingsintensität

Das Gleichgewicht von sportlicher Leistung und Erholung bzw. Entspannung hat zentrale Bedeutung.

ger und Stresssituationen werden besser verarbeitet. Die Fähigkeit zu Erholung und Kräfteerneuerung verbessert sich zusehends.

Gewähren Sie sich zunächst, vor allem wenn Sie häufig trainieren, genügend Zeit zur Erholung von den einzelnen Fahrten. Ihr Körper benötigt zwischen den Trainingseinheiten eine ausreichende Spanne der Erholung,

um bei erneuter Belastung ebenso leistungsfähig und damit belastbarer zu sein. Bleiben Sie flexibel in Ihrer Trainingsgestaltung. Powern Sie heute, genießen Sie morgen! Wechseln Sie zur aktiven Erholung in einen tieferen Zielbereich. Experimentieren Sie mit den verschiedenen Trainingszonen und -möglichkeiten und beurteilen Sie selbst, was Ihnen gut tut.

Der Energiebedarf beim Mountainbiken

Wenn wir uns nicht bewegen, verbrennen wir ungefähr eine Kalorie pro Minute. Einen Teil dieser Kalorie liefert der Zucker, den anderen das Fett. Ob Sie nun sitzen oder laufen, Ihr Körper verbrennt immer gleichzeitig zwei Arten von Brennstoff – Zucker und Fett.

70 % der Energie bzw. der Kalorien, die die Muskeln benötigen, werden vom Fett bereitgestellt. Im Gegensatz dazu liefert der Zucker nur 30 %. Trainieren Sie jedoch sehr intensiv, kehrt sich dieses Verhältnis um. Da intensive Belastungen nicht sehr lange anhalten, ist Fett im allgemeinen der wichtigste Brennstoff.

Das Ausüben von Sportarten wie z. B. Sprint oder Gewichtheben trainiert hauptsächlich die »schnellen« Muskelfasern, in welchen mehr zuckerverbrennende Enzyme gebildet werden. Regelmäßiges Ausdauertraining verbessert hingegen die Eigenschaften der vorhandenen langsam kontrahierenden Fasern. Zusätzlich wird dabei das Wachstum der Enzyme angeregt, die dem Körper helfen, Fett zu verbrennen, und es entwickeln sich zusätzliche Kapillaren. Der Trainingseffekt entsteht dadurch, dass der Körper in der Lage ist, mehr Sauerstoff aufzunehmen und diesen blitzschnell im ganzen Körper zu verteilen. So

können immer länger werdende Strecken ohne Erschöpfung zurückgelegt werden.

Kohlenhydratstoffwechsel und Glykogen

Bei allen körperlichen Bewegungen, die länger als 7 Minuten dauern, ist Sauerstoff der entscheidende Faktor; daher der Name »aerob«. Durch eine langsame Oxidation von Fett und Zucker können diese Ausdauerbelastungen über viele Stunden durchgehalten werden. Das Training des aeroben Systems konzentriert sich auf drei Aufgaben: mehr Sauerstoff in die Zelle zu transportieren, zelluläre Enzyme aufzu-

Ist das Kraftwerk »Körper« leer, bleibt nichts anderes übrig als zu schieben.

29

bauen, um Sauerstoff mit Fett und Zucker zu verbinden, und immer ausreichend Glykogen zur Verfügung zu haben.

Obwohl Fett der wichtigste Brennstoff im aeroben System ist, ist es niemals der limitierende Faktor. Die Glykogenversorgung setzt bei Ausdauerwettkämpfen die Grenzen. Der menschliche Organismus wandelt alle ihm zugeführten Kohlenhydrate in Glukose und Glykogen um. Glukose dient der direkten Energieversorgung von Muskeln, Organen und Gehirn. Die Speicherform der Glukose ist das Glykogen. Der Körper kann Glykogen in der Leber und in der Muskulatur speichern. Sobald der Blutzucker verbraucht ist, wird das Glykogen zur schnellstmöglichen Energieversorgung herangezogen.

Leber und Glykogen sind also vergleichbar mit einem Benzintank und Treibstoff. Das Fassungsvermögen dieses Tanks ist jedoch beschränkt und beträgt bei trainierten Sportlern etwa 700–800 g Kohlenhydrate. Dies ist ausreichend für eine intensive Dauerleistung zwischen 60 und 100 Minuten. Die Speicherfähigkeit für Glykogen kann gut trainiert werden. Trainierte Muskeln können mehr davon speichern als untrainierte und verbrauchen während des Trainings weniger von diesem »Super-Treibstoff«. Sie können die Wiederauffüllung der Glykogentanks durch eine kohlenhydratreiche Ernährung stark beeinflussen (siehe Kapitel »Erholungsfördernde Maßnahmen«, S. 116). Werden die Speicher wäh-

rend des Trainings nicht mit neuen Kohlenhydraten aufgestockt, sinkt der Blutzuckerspiegel und es kommt unvermeidlich zu einem Leistungsabfall. Untrainierte und meist auch übergewichtige Menschen verbrennen bei Ihren Bewegungen hauptsächlich Glukose und nicht Fett. Sie verlieren kaum Körperfett, weil die Muskulatur die dafür benötigten Voraussetzungen nicht (mehr) hat. Die für die Fettverbrennung wichtigen speziellen Enzyme kommen sehr schnell abhanden und die Muskulatur verliert damit ihre Fähigkeit, Fett zu verbrennen.

Milchsäure (Laktat)

Wie der Name schon sagt, ist Milchsäure eine Säure. Der Säuregehalt einer Substanz wird mit dem pH-Wert angegeben. Eine neutrale Substanz, die also weder sauer noch alkalisch ist, hat den pH-Wert 7. Werte unter 7 bezeichnen eine Säure, höhere Werte eine Lauge. Die Salzsäure im Magen hat einen pH-Wert von 2, ist also sehr sauer. Der pH-Wert von Muskeln liegt normalerweise um 7, also im neutralen Bereich. Hartes Training senkt den pH-Wert auf 6,4 oder 6,5. Der Unterschied erscheint nicht gerade groß, löst aber einen stechenden Schmerz aus, den wir normalerweise nicht länger als 2 oder 3 Minuten aushalten können. Sehr intensiv zu trainieren bedeutet, zum größten Teil nur Zucker (keine Fette!) zu verbrennen und diesen sogar nur bis zur Hälfte. Behalten Sie eine (zu) hohe Trainingsintensität bei, sammelt sich in der Muskulatur zu viel Milchsäure an und verursacht stechende Schmerzen in den beanspruchten Körperteilen (während des Mountainbikens speziell in der vorderen Oberschenkelmuskulatur). Beim Joggen zum Beispiel sind viel mehr Muskeln beteiligt. Während des Lauftrainings arbeiten die gesamte Oberschenkelmuskulatur, die Gesäß- und die Rückenmuskeln sowie die Arme. So wird die Arbeit über den ganzen Körper verteilt und einzelne Muskeln müssen bei weitem nicht so hart arbeiten wie die Oberschenkelmuskulatur beim Radfahren. Eine hohe Laktatanhäufung ist ein Anzeichen dafür, dass die Muskulatur mehr Sauerstoff verbraucht als ihr zugeführt werden kann und, wenn überhaupt, nur sehr wenig Fett verbrennt.

Folgt nach einer großen Anstrengung (z. B. nach intensivem Bergauffahren) eine Erholungsphase (z. B. eine Abfahrt), wird die Milchsäure durch das Blut aus der Muskulatur geschwemmt und wandert zur Leber, wo sie in Glukose umgewandelt und wieder als Energiequelle genutzt werden kann. Darum verschwindet der Schmerz am schnellsten, wenn das Training in einem behutsameren Tempo fortgesetzt wird. Wenn Sie nach intensivem Training locker ausfahren, anstatt sofort vom Rad zu steigen, werden Ihre Muskeln weiterhin gut durchblutet und die Milchsäure kann zu Geweben im Körper transportiert werden, die Brennstoff brauchen und sie verwerten können.

Fettstoffwechsel

Die zweite Möglichkeit der Energiegewinnung ist der Fettabbau. Die Energievorräte des in der Muskulatur eingebetteten Fettes übersteigen diejenigen der Glykogenspeicher um ein Vielfaches. 1 kg Fett kann in 9000 energiereiche Kalorien umgewandelt werden, und an irgendeiner Stelle im Körper befindet sich immer Fett. Sogar austrainierte Athleten mit sehr wenig Körperfett besitzen immer noch ausreichend Fettreserven, um sehr lange Distanzen zurückzulegen – vorausgesetzt, sie haben diese Art der Energiegewinnung auch gut trainiert. Das System der Fettverbrennung ist vergleichbar mit dem Diesel beim Auto. Es ist schwerfällig und langsam und muss ständig trainiert und optimiert werden. Die Leistungsfähigkeit während der Energieversorgung durch die Fettverbrennung ist um ca. 30–50 % geringer als die des Kohlenhydratstoffwechsels.

Sind die Kohlenhydrate komplett aufgebraucht, werden Fette und Eiweiße zu den wichtigsten Energielieferanten. Personen mit Übergewicht, welche mit Mountainbiken ihr Gewicht reduzieren oder kontrollieren möchten, könnten jetzt leicht auf die Idee kommen, einfach keine Kohlenhydrate und keinen Zucker mehr zu essen, um so Ihre Muskeln zu zwingen, nur noch Fett zu verbrennen – doch das funktioniert leider nicht, denn für die Fettverbrennung wird immer auch genügend Glykogen benötigt.

31

Fettsäuren

Die Moleküle der Fettsäure sind klein und sehr beweglich, darum werden sie manchmal freie Fettsäuren genannt. Fettsäuren fällt es nicht schwer, durch die porösen Wände der Kapillaren und Zellen zu gelangen. Sie kommen aus dem Blutkreislauf in die Muskelzellen, um dort zur Energiegewinnung verbrannt zu werden. Herrscht gerade eine Ruhephase und die Muskelzelle ist nicht aktiv, gehen sie zurück ins Blut und wandern zu einer Fettzelle, um dort gespeichert zu werden.

Die Fettmoleküle sind immer auf der Suche nach aktiver Muskulatur. Werden die Fettsäuren nicht als Brennstoff benutzt, werden sie gespeichert.

Gespeicherte Fettsäuren bleiben aber nicht untätig. Sie verlassen bereitwillig ihr Fettdepot – vorausgesetzt, sie werden gebraucht!

Trainieren Sie Ihren Fettstoffwechsel

Fettsäuren in einer Fettzelle verbinden sich gern zu Dreiergruppen. In dieser Form werden sie Triglyzeride genannt. Das gesamte Fett, das im Körper gespeichert ist, besteht aus Fettsäuren in Form von Triglyzeriden. Ein dicker Bauch ist nicht anderes als eine große Ansammlung von Triglyzeriden.

Triglyzeride sitzen entweder in Fettdepots oder werden wieder zu freien Fettsäuren aufgespalten, wenn der

Mit dem Mountainbike lassen sich, je nach Zielgruppe, die unterschiedlichsten Intensitäten realisieren.

Muskel Brennstoff benötigt. Wenn Sie Ihrem Körper beibringen, Fettsäuren zu verstoffwechseln, werden die Triglyzeridlager verschwinden und sie werden Körperfett abbauen. Die Fähigkeit, möglichst viel Energie aus der Fettverbrennung zu gewinnen und gleichzeitig die Zuckerspeicher zu schonen, kann trainiert werden.

Am Anfang einer Bike-Tour beginnt der Muskel, schnell verfügbare Glukose zu verbrennen. Im Gegensatz zu den Kohlenhydraten wird das Fett aber weit entfernt von den Muskeln gespeichert und der Zugriff bei Trainingsbeginn ist ein wenig schwieriger. Doch mit zunehmender Trainingsdauer und -regelmäßigkeit wird die Fettverbrennung immer mehr gefördert und trainiert, vorausgesetzt, die Muskulatur arbeitet mit geringer Intensität. Je intensiver Sie trainieren, umso mehr lässt die Fettverwertung nach. Arbeitet die Muskulatur eines Untrainierten mit sehr hoher Intensität, sinkt die Fettverbrennung gegen null. Auch wenn er sein Tempo erhöht, um noch mehr Kalorien zu verbrauchen, verbrennt er kein zusätzliches Fett, sondern nur Zucker.

Das muß beim Mountainbiken beachtet werden! Radfahren beansprucht hauptsächlich die Beinmuskulatur und diese vor allem bergan mit einem hohen Kraftaufwand.

Wenn Sie sich stark anstrengen müssen und Ihre Herzfrequenz ansteigt, verbrennen Sie nur noch sehr wenig Fett. Sehr gut ausdauertrainierte Athleten verbrennen während ihrer Wettkämpfe 70–80 % Fett. Solche Sportler können während des Trainings bis zu 10 Fettkalorien pro Minute abarbeiten, während der Untrainierte nur ca. 2 Kalorien Fett verbrennt.

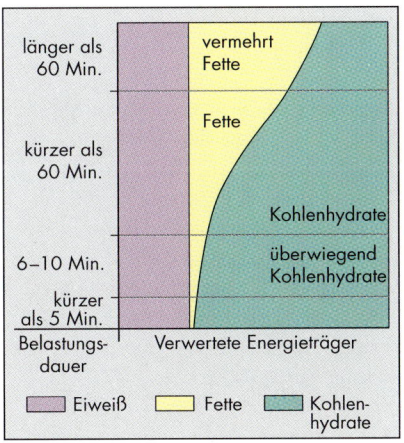

Die Fettverbrennung wird vor allem bei geringer Trainingsintensität und zunehmender Belastungsdauer gefördert.

Nach einer 30-minütigen Übung ist ein plötzlicher Schub von Fettsäuren im Blut feststellbar. Das heißt aber nicht, dass die Muskulatur erst nach einer Trainingszeit von 30 Minuten mit der Fettverbrennung beginnt. Fettsäuren werden ständig in geringer Anzahl aus den Fettzellen freigesetzt und in den Muskeln konstant in kleinen Mengen verbrannt. Mit fortgeschrittenem Trainingszustand setzt dieser Fettsäureschub immer früher ein. Für Leute, die Wettkämpfe bestreiten, ist das ein enormer Vorteil. Setzen die Fettzellen das Fett früh frei, können wertvolle Kohlenhydrate gespart werden.

Eiweißstoffwechsel

Sobald bei zu hoher Trainingsintensität nicht mehr genügend Sauerstoff über die Atmung zugeführt werden kann, verbrennt der Körper immer mehr Kohlenhydrate und immer weniger Fett. Sogar Eiweiße werden unter diesen Umständen stärker zur Energieversorgung herangezogen als Fette!

Bei einem Mangel an Kohlenhydraten schickt die Leber den Muskeln quasi einen »Ersatzanzünder«, um den Stoffwechsel in Gang zu halten. Dabei werden aber wertvolle Aminosäuren verwendet, die eigentlich für den Aufbau von Proteinen vorgesehen sind. Der Körper leidet unter Proteinmangel, und nicht beanspruchte Muskulatur wird abgebaut.

Bis vor einigen Jahren war man der Auffassung, dass Eiweiße als Energiequelle bei Ausdauersportarten überhaupt keine Rolle spielen. Neueste Untersuchungen zeigen jedoch, dass bei Ausdauersportarten 5–15 % der Energie aus Eiweiß stammen. Bei mehreren intensiven Trainingseinheiten hintereinander kann dieser Prozentsatz stark zunehmen. Die dabei verwendeten Eiweiße stammen unter anderem aus der Muskulatur, was nichts anderes bedeutet als einen Abbau der Muskelzellen.

Fazit: Vorsicht bei der Einteilung von intensiven Trainingseinheiten!

Muskelabbau durch Diäten

Genau dasselbe geschieht bei Radikaldiäten: Neben einer Verlangsamung des Stoffwechsels kommt es zu einem Abbau von wertvoller magerer Muskelmasse. Wenn man einerseits die Kalorien vermindert und andererseits weiter Leistung bringt, holt sich der Körper den nötigen Brennstoff selbst, und zwar in Form von fettarmer Muskelmasse – was so viel bedeutet wie innerer Kannibalismus.

Wenn Sie eine Diät machen, verlieren Sie vor allem Wasser und fettarme Muskelmasse. Wenn Sie dann wieder zunehmen, gewinnen Sie aber, was Sie an magerer Muskelmasse verloren haben, als Fett wieder zurück!

Gewichtskontrolle mit Mountainbiken

»Übergewichtige Personen, die ihr Körpergewicht reduzieren bzw. stabilisieren möchten, sollten, um die Fettverbrennung maximal zu fördern, mit geringer Intensität und über längere Zeit trainieren.« Stimmt diese Aussage wirklich?
Es ist zwar richtig, dass man die Fettreserven am besten durch ein niedrig- bis mittelintensives Ausdauertraining von mindestens 30 Minuten Dauer mobilisiert. Doch wer seinen Fettstoffwechsel so richtig in Schwung bringen will, sollte mindestens 90 Minuten (ein- bis zweimal pro Woche) mit dem Bike unterwegs sein. Bei diesen langen, aber lockeren Ausfahrten wird neben der Fettverbrennung auch die Ausdauerleistung trainiert, obwohl der gesamte Kalorienumsatz niedriger ist als bei intensiverem Training. Die Muskelenzyme, die maßgeblich an der Fettverbrennung beteiligt sind, werden nur bei lockerem Training aktiviert. Auch die Mitochondrien, die Kraftwerke für die Fettsäureverbrennung, nehmen bei dieser Trainingsmethode zu und vergrößern sich.
Je länger, desto besser – so zwingen Sie Ihren Körper dazu, einen hohen Energieanteil aus Ihren Fettdepots zu ziehen. Optimal sind, je nach Trainingszustand, Ausfahrten von etwa 3–5 Stunden. Falls Ihr Zeitbudget für solch ein typisches »Fettverbrennung-Training« zu knapp ist, müssen Sie nicht verzweifeln. Doch trainieren Sie nicht 20 oder 30 Minuten in Ihrer persönlichen Fettstoffwechselzone (siehe Kapitel »Die richtige Trainingsintensität«), nur weil sie gelesen haben, dass eine niedrige Intensität die Fettverbrennung optimal fördert. Kurzes Training im »Zeitlupentempo« ist zwar für Einsteiger und Senioren nicht schlecht, doch Ausdauerbelastungen im Schneckentempo und von kurzer Dauer reichen nicht aus, um die Fettverbrennung effektiv zu steigern.

Trainingsintensität und Fettverbrennung

Die weit verbreitete Ansicht, dass Ausdauertraining mit niedriger Intensität die größte Wirkung auf die Fettverbrennung und damit auch die Gewichtskontrolle hat, muss relativiert werden. Der Körper verbraucht zwar bei niedrigen Intensitäten verhältnismäßig mehr Fette als Kohlenhydrate, doch das sagt noch nichts über die absolute Menge aus. Der absolute Kalorienverbrauch ist nämlich bei einer intensiveren Belastung um ein Vielfaches höher, so dass insgesamt mehr Fettkalorien zur Energiegewinnung verbrannt werden.
Selbst hochintensive Belastungen, während deren der Körper fast ausschließlich auf Kohlenhydrate zurückgreift, begünstigen indirekt den Fettabbau. Oder haben Sie schon ein-

Gewichtskontrolle mit Mountainbiken

Seien Sie in Ihrer Trainingsplanung flexibel und kombinieren Sie verschiedene Sportarten.

Pulsbereich von 80–85 % Ihrer MHF trainieren. Das Wochende ist dann geeignet, um lange und lockere Ausfahrten zu unternehmen (mit 60–75 % Ihrer MHF, abhängig von Trainingsdauer und -zustand). Wenn Sie sich nur auf intensitätsarmes Training konzentrieren, lernt Ihr Körper niemals, Fett auf einem höheren Trainingsniveau zu verbrennen. Wenn Sie sich aber gelegentlich über das Bequeme hinaus fordern und intensiver trainieren, vergrößert sich Ihr Fettverbrennungspotential.

Übrigens: Fettzellen haben keine Augen – sie können nicht sehen, ob sie auf einem Mountainbike verbrannt werden oder während des Joggings oder Inline-Skatings. Häufiges, dafür kürzeres Training ist gewinnbringender als lange Trainingseinheiten mit großen Zeitabständen dazwischen. Dreimal 20 Minuten pro Woche sind viel besser als einmal 60 Minuten. Mountainbiken ist im Vergleich zu anderen Ausdauersportarten relativ zeitaufwendig – wählen Sie bei Zeitknappheit andere Sportarten aus und bringen Sie Abwechslung in Ihr Training (siehe Kapitel »Cross-Training«).

Anteilsmäßig werden bei niedriger Trainingsintensität zwar mehr Fettkalorien verbraucht, der absolute Kalorienumsatz ist jedoch bei einer intensiven Belastung viel höher.

mal einen dicken Sprinter gesehen? In der anschließenden Erholungsphase werden die zugeführten Kohlenhydrate bevorzugt zum Auffüllen der Glykogenspeicher eingesetzt, so dass der Körper für anderweitigen Energiebedarf die Fettverbrennung aktiviert.

Wenn Sie nur wenig Zeit zur Verfügung haben, sollten Sie die Intensität erhöhen, um den gewünschten Trainingseffekt zu erhalten. Während der Woche beispielsweise ist es für Ihre Fitness und die Gewichtskontrolle gewinnbringender, wenn Sie in einem

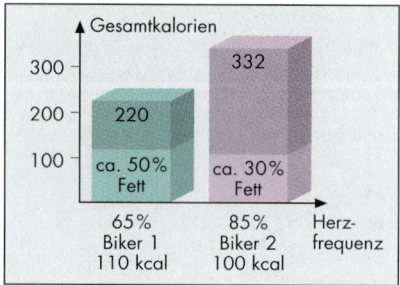

Keine Zeit für das Training?

Zeitmangel ist der am häufigsten genannnte Grund, warum Menschen gar nichts oder nur sehr wenig für Ihre Gesundheit und Fitness tun. Gerade das Fahrrad ist aber ideal, um mit relativ kleinem Zeitaufwand zu einem großen Fitnesseffekt zu kommen. Wenn Sie mit dem Auto 20 Minuten in der Stadt oder auf dem Land unterwegs sind, benötigen Sie mit dem Rad höchstens doppelt so lang. Für 40 Minuten Training brauchen Sie also nur 20 Minuten zusätzliche Zeit aufzubringen! Verbinden Sie das Notwendige mit dem Nützlichen. Lassen Sie das Auto zu Hause stehen und machen Sie sich mit dem Rad auf den Weg. Ob Sie das Bike für die Fahrt zum Arbeitsplatz oder zum Einkaufen benützen, mit jedem Kilometer steigern Sie Ihren Trainingsumfang und Ihre körperliche Leistungsfähigkeit.

Auch regelmäßige körperliche Aktivität im Alltag (wie etwa Treppen zu steigen, anstatt den Lift zu nehmen) hat positive Auswirkungen auf Ihr Herz-Kreislauf-System. Alltagsaktivitäten sind für Gesundheit und Lebensdauer mindestens genauso effektiv wie extremere sportliche Betätigungen. Sich mehrmals am Tag für 10–15 Minuten zu bewegen (Treppen steigen, zur Post oder zum Supermarkt gehen) kann den gleichen gesundheitlichen Effekt haben wie eine halbe Stunde Training.

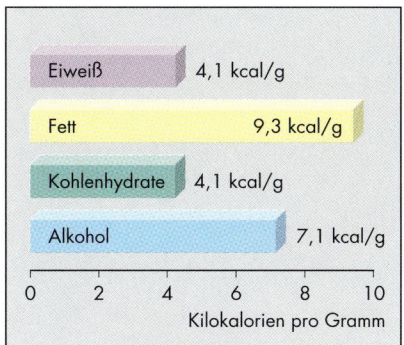

Eiweiß	4,1 kcal/g
Fett	9,3 kcal/g
Kohlenhydrate	4,1 kcal/g
Alkohol	7,1 kcal/g

Kilokalorien pro Gramm

Weniger die gesamte Energiemenge, sondern hauptsächlich der Nährstoff Fett hat einen Einfluss auf das Körpergewicht.

Fett macht dick

Nur ein sehr kleiner Teil der Dicken, etwa 2–3 %, sind aufgrund ihrer Erbanlagen dick. Dick ist man meistens nicht, sondern man wird es – mit zu fettem Essen und zu wenig Bewegung. Dick zu sein ist ein Symptom für unsere sitzende Lebensweise. Die »Fernbedienungsmentalität« in der heutigen Gesellschaft erzeugt eine Reihe von Problemen, und eines davon ist, dass wir uns zu wenig bewegen. Nahrung gibt es im Überfluss, aber Bewegung ist zu einem Luxusgut geworden. Um auch langfristig Ihr Körpergewicht zu reduzieren oder zu stabilisieren, brauchen Sie eine positive Einstellung, mehr körperliche Bewegung sowie eine gesunde, ausgewogene Ernährung. Verändern Sie Ihre Lebensweise – und nicht die Diät! Lernen Sie, richtig zu essen, ersetzen Sie ungünstige Ernährungsgewohnheiten durch günstigere und vor allem: Bewegen Sie sich mehr. Das Körpergewicht zu stabilisieren, um nicht mit jedem Lebensjahr noch mehr zuzunehmen, kann ein lohnenswerteres Ziel sein als der Versuch, immer mehr abzunehmen. Mäßig dicke Menschen sollten versuchen, ihr Gewicht durch mehr Bewegung zu stabilisieren und so zumindest nicht zu schnell zuzunehmen.

Der Sollwert des eigenen Gewichts wird oft nicht durch die Willenskraft, sondern durch noch fast unerforschte Regelkreise des Körpers festgelegt. Neun von zehn falschen Diätversuchen enden deshalb über kurz oder lang da, wo sie begonnen haben. Fangen Sie gar nicht erst an bzw. hören Sie sofort auf, die Kalorien zu zählen: Brennstoff (Kalorien) zu reduzieren ist das Verkehrteste, was Sie machen können. Wenn Hungern bewirken würde, was es angeblich bewirken soll, dann gäbe es keine Ausfallquote von 98 %. Kalorien zu reduzieren funktioniert in keinem Fall.

Reduzieren Sie stattdessen den größten Dickmacher – das Fett. Ein Kilogramm Fett enthält 9000 Kalorien; das ist doppelt so viel Energie, wie in der gleichen Menge Eiweiß oder Kohlenhydrate enthalten ist (4000 Kalorien pro Kilogramm). Daher eignet sich Fett besonders gut, um bei wenig Gewicht viel Energie zu speichern. Eine relativ dünne Schicht Körperfett unter der Haut schützt den Körper vor Kälte und kühlem Fahrtwind.

Als »Allesfresser« hat sich der Mensch schon in Urzeiten nicht nur von Pflanzen, sondern auch von Wild und Fischen ernährt. Tierisches Fett und Eiweiß sind hoch konzentrierte Nahrung, die den Körper zu außerordentlichen Leistungen befähigt. Aber während der Fettanteil des erjagten Wildfleisches relativ gering war, ist er heute sehr hoch – ein Rumpsteak enthält etwa 30 % Fett, während beispielsweise Rehfleisch nur 4 % Fett enthält. Die Amerikaner verzehren im Durchschnitt 40 % ihrer Nahrung in Form von Fett. Die deutsche Bevölkerung folgt mit ca. 37 % nur knapp dahinter. Die Deutsche Gesellschaft für Ernährung empfiehlt, dass 25–30 % der täglichen Nahrung in Form von Fett aufgenommen werden sollte. Viele bekannte Fachleute sagen, dass es ungefährlich und wirkungsvoll ist, unter 30 % zu gehen. Wenn Sie also in Ihrem Aussehen und Befinden eine Veränderung herbeiführen wollen, verringern Sie Ihre tägliche Fettaufnahme auf 15–20 %. 30 % sind die obere Grenze.

Durchschnittlich ernähren sich Europäer zu fett.

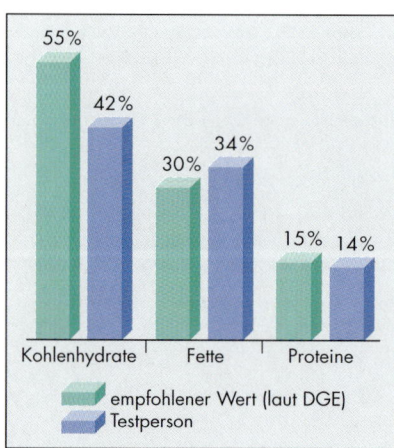

38

Machen Sie sich keine Sorgen, dass Sie in der Nahrung zu wenig Fett vorfinden. Fett liefert mehr als das Doppelte der anderen Brennstoffe, die der Körper zum Leben braucht. Das bedeutet, dass man zweimal die Menge der anderen Brennstoffe zu sich nehmen kann und immer noch weniger Kalorien aufnimmt als durch Fett. Ist es nicht einleuchtend und vernünftig, den Brennstoff (Kalorien) zu vermehren und das zu vermindern, wovon man sowieso schon viel zu viel am Körper hat – das Fett? Nicht die Nahrung macht Sie dick, sondern das Fett darin. Achten Sie auf ausreichende Kalorien, aber berücksichtigen Sie: Nicht alle Kalorien sind gleich!

> 1 Gramm Kohlenhydrate =
>   4 Kalorien
> 1 Gramm Protein = 4 Kalorien
> 1 Gramm Fett = 9 Kalorien

Tierversuche mit Ratten haben gezeigt, dass die Tiere, die mit einer Diät ernährt worden sind, die unserer durchschnittlichen Ernährung entspricht, immer fetter wurden. Die Nagetiere bekamen Dinge wie Weißbrot, Salami, Kekse und Süßigkeiten zu fressen. Die Versuche ergaben, dass nicht die Menge der Nahrungsmittel entscheidend war, sondern ihre Zusammensetzung: Dr. Larry Oscai von der Universität Illinois fütterte zwei Gruppen von Ratten über 60 Wochen mit der exakt gleichen Anzahl von Kalorien. Während die eine Gruppe mit normaler Rattennahrung (wenig Fett, viele Faserstoffe) ernährt wurde, bekam die andere Gruppe die entsprechende derzeitige amerikanische Durchschnittsernährung: über 40 % der Kalorien in Form von Fett, weitere 25 % in Form von Zucker. Die Ratten aus der ersten Gruppe wiesen nach der Testperiode einen durchschnittlichen Körperfettgehalt von 30 % auf. Die Tiere der zweiten Gruppe – trotz gleicher Kalorienzahl – einen Körperfettgehalt von 51 %!

Der Body Mass Index (BMI)

Als Maß verwenden die Forscher den Body Mass Index (Körpermaßindex, abgekürzt BMI), der sich aus Körpergröße und -gewicht berechnet. Ein

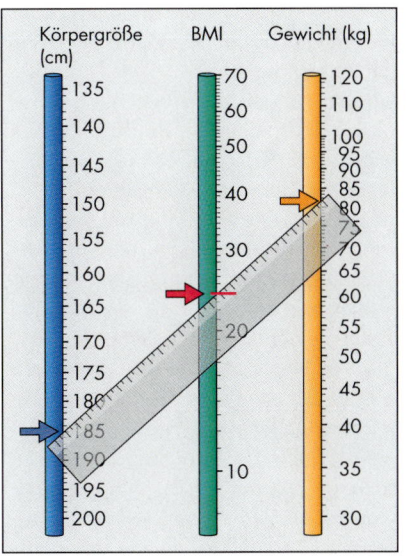

Ermittlung des BMI (Body Mass Index)

1,75 m großer Mensch mit einem Gewicht von 77 kg hat einen BMI von etwa 25. Nach den aktuellen Regeln beginnt ab BMI 25 »Übergewicht«, oberhalb eines BMI 30 ist man »adipös« – bei 1,75 Meter Größe entspricht das 93 kg. In der Schweiz befinden sich nach einer fünf Jahre alten Umfrage 30 % der Erwachsenen jenseits der Übergewichtsgrenze BMI 25.

Die Fettformel

Der menschliche Körper verwandelt Nahrungsfett sofort in Depotfett. Wenn Sie Fett verlieren möchten, ist es darum wichtig, den Fettanteil in Ihrer Nahrung zu verringern, um den Körper (mit Hilfe von mehr Bewegung und Sauerstoff) zu zwingen, seine vorhandenen Fettvorräte zur Energiegewinnung zu nutzen. Kohlenhydrate und Eiweiß dürfen Sie dagegen reichlich zu sich nehmen.
Um den Fettgehalt herauszufinden, müssen Sie nicht ein Sherlock Holmes werden; ein Taschenrechner und die Fettformel genügen. Versuchen Sie, die Formel eine Zeit lang anzuwenden, um ein Gefühl dafür zu entwickeln, welche Nahrungsmittel effektiv dick machen.
Übergewicht ist oft ein Symptom von falschen Informationen und Regeln. Je öfter Sie die Fettformel anwenden, umso schneller werden Sie merken, wie oft Sie in der Meinung, »fettarm« zu essen, zu viel Fett zu sich genommen haben, ohne es zu wissen. Um den gleichen Fettgehalt wie in einem

> **Fettformel**
>
> Nehmen Sie die Fettmenge (in Gramm) der Portion oder per 100 Gramm und vervielfachen Sie diese Zahl mit 9. Teilen Sie diese Zahl (der Fettkalorien) anschließend durch die Gesamtzahl der Kalorien. Jetzt wissen Sie, wie groß der Fettanteil dieser Portion ist.

Schokoladenkeks aufzunehmen, können Sie 20 Tassen Reis essen! Wenn man sich immer weniger bewegt und ständig Dinge isst, die 78 %, 86 % oder auch »nur« 45 % Fett enthalten, so nimmt man kurz oder langfristig bestimmt zu.
Und wenn Sie die 20–30-%-Grenze Ihrer täglichen Nahrungsaufnahme einmal überschritten haben? Machen Sie sich deshalb keine Sorgen! Bleiben Sie ein paar Tage lang bei 10 % und gleichen Sie es sozusagen wieder aus. Vielleicht haben Sie Ihre Gefühle nicht immer unter Kontrolle – wer hat das schon? Aber die Dinge sehen anders aus, wenn Sie wissen, dass Sie fast alles essen können – außer zu viel Fett.

Sportgerechte Ernährung

Die Basis einer optimalen Ernährung für den Sportler ist der ausreichende Kaloriengehalt der Nahrung. Eine

Ergänzung von Mineralien, Spurenelementen und Vitaminen, wie sie für den Leistungssport empfehlenswert ist, erscheint aber für den Gesundheits- und Fitnesssportler mit mäßigen Trainingsumfängen normalerweise nicht erforderlich. Die Zufuhr von Flüssigkeit zusammen mit Kalium und Magnesium sollte ausreichend sein. Die Mischung von Fruchtsäften mit Mineralwasser (Apfelschorle) ist dafür geeignet. Falls die Ernährung nicht optimal ist (z. B. Kantinenessen, häufiges Fast-Food-Essen etc.), können Vitamine, Mineralien und Spurenelemente als Ergänzung eingenommen werden.

Die Substitution von Mineralien und Spurenelementen hat sich im Leistungssport weitgehend durchgesetzt und wird sowohl von den Sportlern als auch von den betreuenden Ärzten und Trainern als wirksam empfunden. Der eindeutige wissenschaftliche Nachweis eines Effektes konnte bislang jedoch nicht erbracht werden. Die für Normalpersonen empfohlenen Richtwerte sind für Leistungssportler zu niedrig. Inwieweit eine ausreichende Versorgung mit Mineralien und Spurenelementen durch eine ausgewogenen Mischkost in den Grenzbereichen der menschlichen Leistungsfähigkeit möglich ist oder ob eine Substitution in jedem Fall erforderlich ist, kann derzeit nicht abschließend beantwortet werden.

Tipps für eine gesunde und sportgerechte Ernährung:

- Vielseitig – aber nicht zu viel: Je vielseitiger Sie Ihren Speiseplan gestalten, umso besser lässt sich eine mangelhafte Versorgung mit essenziellen Nährstoffen vermeiden. Übergewicht kann durch kalorienbewusste Auswahl der Lebensmittel vermieden werden.
- Weniger Fett und fettreiche Lebensmittel: Fett enthält reichlich Energie und kann die Enstehung von Übergewicht begünstigen.
- Wenig Süßes: Zucker fördert Karies, ist energiereich, aber nährstoffarm.
- Mehr Vollkornprodukte: Sie sind ballast- und nährstoffreich.
- Reichlich Gemüse, Kartoffeln und Obst: Diese Lebensmittel sind energiearm und dabei nährstoff- und ballaststoffreich.
- Weniger tierisches, mehr pflanzliches Protein: Verzehren Sie kleine Fleisch- und Wurstportionen nur zwei- bis dreimal pro Woche. Versuchen Sie dagegen Seefisch als wichtigsten Jodlieferanten zweimal wöchentlich zu essen.
- Schmackhafte und nährstoffschonende Zubereitung: Garen Sie Gemüse nur kurz und mit wenig Wasser im zugedeckten Topf. Lagern Sie Obst und Gemüse kühl und dunkel und essen Sie es so bald wie möglich. So verhindern Sie die Zerstörung von lebensnotwendigen Nährstoffen.

Wichtig: Trinken!

Je nach Lebensalter und Gewebezusammensetzung bestehen ungefähr 65 % des Körpergewichts aus Wasser. Ein sportlich nicht aktiver Erwachsener verliert täglich etwa 2,4 Liter Wasser. Der Wasserhaushalt bedarf deshalb großer Aufmerksamkeit, denn jede der schätzungsweise 75 Billionen Zellen, aus denen der Körper besteht, benötigt alle Vitamine und Mineralstoffe, ebenso die essenziellen Fett- und Aminosäuren. Sie können auf keinen dieser Nährstoffe verzichten, weil alle zusammenarbeiten müssen, um eine normale Funktion und damit ein gesundes Dasein gewährleisten zu können.

Aufgaben des Flüssigkeitshaushalts

Alle Mineralstoffe und Spurenelemente sowie die meisten Vitamine könnten nicht zur Wirkung gelangen, gäbe es nicht Wasser als Lösungs- und Transportmittel. Verbindungen von Kalium, Natrium, Kalzium oder Magnesium müssen erst in wässriger Lösung in Ionen zerfallen, ehe sie im Körper als sogenannte Elektrolyte wirksam werden können. Durch die Spannung zwischen dem Zellinneren und dem Zelläußeren entsteht ein elektrischer Strom, der über die im Blut gelösten Mineralsalze geleitet wird. Die Leit-

fähigkeit dieser Mineralsalze ist umso höher und schneller, je mehr Wasser im Körper vorhanden ist.

Die Nervenimpulse und die damit verbundenen Muskelan- bzw. -entspannungen können bei einem ausgeglichenen Flüssigkeitshaushalt optimal ausgelöst werden. Je reiner das Wasser ist, frei von Weichmachern und Giftstoffen, umso mehr körperliche Abfall- und Giftstoffe kann es abtransportieren und umso mehr Nährstoffe kann es den Körperzellen zuführen. Mit zunehmendem Alter sinkt der Wassergehalt.

Es ist bekannt, dass fast die Hälfte des gesamten Wasserbestandes im Muskelgewebe vorliegt, denn je höher die Stoffwechselleistung einer Zelle, desto höher ist ihr Wassergehalt. Bei sportlicher Belastung bis zu 30 Minuten Dauer gehen die messbaren Gewichtsverluste überwiegend auf Wasserverluste zurück. Nach 10–30 Minuten Training kann der Schweißverlust bereits 1–2 Liter betragen. Durch die feuchte Atemluft und die Haut verlieren Sie, während Sie Sport treiben, ständig Flüssigkeit. Durch die starke Durchblutung entsteht im Körper überschüssige Wärme, die durch das Schwitzen abgeführt wird. Achtung: Auch an windigen oder kalten Tagen verlieren Sie viel Flüssigkeit!

Wasserverluste in Höhe von 2 % des Körpergewichts, das sind bei 70 kg Körpergewicht ca. 1,4 Liter, können sich bereits leistungsmindernd auswirken, doch hängt dies stark vom individuellen Gesundheits- und Leistungszustand ab. Der Großteil des Wassers, das Sie beim Schwitzen verlieren, stammt aus dem Blut. Bei großem Schweißverlust fließt es nicht mehr gut. Zähflüssiges Blut nimmt in den Lungen weniger Sauerstoff auf und gibt ihn schlechter an die Muskeln ab. Durch die hohe Konzentration der verschiedenen Substanzen wird der Urin bei Flüssigkeitsdefiziten dunkel und riecht stark.

Wenn sich das Durstgefühl meldet, ist es bereits zu spät! Sportler sollten angehalten werden, über den bestehenen Durst hinaus Flüssigkeit zuzuführen. Das beste Mittel, um schnellstmöglich schlapp und müde zu werden, ist, nicht genug Wasser zu sich zu nehmen – doch viele Menschen sind es nicht mehr gewohnt, lediglich Wasser zu trinken.

Sollte Ihnen Wasser zuerst nicht schmecken, versuchen Sie verschiedene Mineralwässer. Testen Sie unterschiedliche Kohlensäuregehalte oder machen Sie Ihr Wasser mit kleinen Mengen ungezuckertem Fruchtsaft schmackhafter. Versuchen Sie kaltes, kühles oder lauwarmes Wasser. Probieren Sie so lange, bis Sie das Richtige für Ihren Geschmack gefunden haben, aber trinken Sie in jedem Fall genug Wasser!

Trinktipps

- Trinken Sie nicht zu viel Kaffee, Coca-Cola oder alkoholhaltige Getränke. Diese Flüssigkeiten enthalten Substanzen, die Ihren Körper dazu veranlassen, noch mehr Flüssigkeit auszuscheiden.

- Trinken Sie mindestens 2 Liter Wasser am Tag und pro Stunde Sport einen Liter zusätzlich.
- Nehmen Sie immer eine volle Trinkflasche mit, falls Sie länger als eine Stunde unterwegs sind. Versuchen Sie alle 15–20 Minuten ein paar Schlucke zu trinken.
- Trinken Sie kalte Flüssigkeiten. Flüssigkeiten zwischen 5 und 10 °C gelangen schneller vom Magen in den Blutkreislauf als warme oder eiskalte Getränke.
- Verlassen Sie sich nicht auf Ihr Durstgefühl! Vor allem wenn Sie stark schwitzen bzw. älter sind, ist das körpereigene Durstmeldesystem nicht besonders zuverlässig.

Sportgetränke

Bei Trainingseinheiten von 20 oder 30 Minuten reicht Wasser als Flüssigkeitsersatz völlig aus. Je ein Glas Wasser eine halbe Stunde vor und sofort nach der Übung sollte genügen. Bei so kurzen Übungen brauchen Sie weder die Kalorien aus einem Sportgetränk, noch müssen Sie sich darum kümmern, Mineralien zu ersetzen. Sportgetränke sind für längere, härtere Trainingseinheiten gedacht.

Untersuchungen haben gezeigt, dass Sportgetränke den Körper nach langen Übungen oder anstrengender Arbeit schneller und gründlicher mit Flüssigkeit versorgen als Wasser. Wasser löscht den Durst. Deshalb hören viele Leute auf zu trinken, obwohl ihr Bedarf erst zu 68% gedeckt ist. Außerdem steigert Wasser die Urinproduktion, was Sie nicht wollen, wenn Sie bereits in einem Flüssigkeitsdefizit sind. Die Mineralien in Sportgetränken, besonders das Natrium, löschen den Durst nicht so schnell. Daher trinken Sie eher so viel, wie Sie benötigen. Ferner hemmen die Mineralien die Urinproduktion. Menschen, die Flüssigkeit in Form eines Natriumgetränkes zu sich nehmen, trinken so lange, bis ihr Bedarf ungefähr zu 82% gedeckt ist. Der Zucker in Sportgetränken, die während des Trainings getrunken werden, wird gut toleriert und verbessert tatsächlich die Leistung, weil er die Ausdauer steigert. Ein Sportgetränk alle 15–20 Minuten versorgt Sie konstant mit Glukose und schont das Glykogen der Muskeln.

Die Schwierigkeit besteht nun darin, ein Getränk zu finden, das genug Glukose enthält, um nützlich für die Muskeln zu sein, aber auch nicht zu viel, weil das eine schnelle Resorption verhindern würde. Sportgetränke mit ungefähr 5–7% Glukose erfüllen offensichtlich genau diese Bedingungen. Fruchtsäfte haben normalerweise 10% oder mehr Glukose und Fruktose, sodass die Absorption schwieriger ist. Wenn Zucker nicht schnell absorbiert wird, können Magenschmerzen und Durchfall auftreten. Sportgetränke mit Glukose werden in den Blutkreislauf aufgenommen, bevor sie in den Darmtrakt gelangen. Zuckerhaltige Getränke, die Fruktose beinhalten (Fruchtsäfte), verbleiben länger im Darm und ziehen beträchtliche Mengen Wasser an, was zu Krämpfen und Durchfall führen kann.

Glukosemoleküle gelangen viel schneller in den Blutkreislauf als Fruktose. Jede Substanz im Dünndarm sucht sich einen Weg, um in den Blutkreislauf zu gelangen. Die Darmwand besitzt eine »Glukosepumpe«, die aktiv Glukose aufsaugt und in den Blutkreislauf abgibt. Glukose schleppt auch viel Wasser mit sich, wenn sie durch die Darmwand transportiert wird. Es ist erwiesen, dass Wasser, an Glukose gebunden, den Blutkreislauf schneller erreicht als das Wasser allein. Das ist der Grund, warum Sportgetränke Sie schneller mit Flüssigkeit versorgen als Wasser.

Wettkampfernährung, Kohlenhydratgels und -riegel

Untersuchungen haben ergeben, dass feste Nahrung bei einer Wettkampfbelastung (über 70% der maximalen Sauerstoffaufnahme) vom Magen fast überhaupt nicht mehr weiterverarbeitet werden kann. Wer im reinen Ausdauerbereich fährt, also etwa im Training oder bei einem Bike-Marathon, kann getrost Energieriegel oder Bananen essen – wer hingegen mit einer hohen Intensität unterwegs ist, könnte Probleme damit

bekommen. Bei konstant hohen Puls-
werten gelangen die Nährstoffe aus
Gekautem nie oder nur mit großer
Verzögerung zur Muskulatur. Oft
kommt es sogar zu Übelkeit oder Er-
brechen.
Energiedrinks liefern zwar schnell
Kraft, sie haben jedoch einen entscheidenden Nachteil: Sie enthalten
ausschließlich einfache Kohlenhydrate, die den außergewöhnlich
hohen Energiebedarf beispielsweise
während eines Wettkampfs nicht
nachhaltig genug decken können.
Beim Versuch, dem Körper auch
unter starker Belastung noch energiereiche Kost zuzuführen, ist man mit
der Erfindung des Gels eine gutes
Stück weitergekommen. Kohlenhy-
dratgels sind eine Zwischenstufe zwischen natürlicher, fester, schwer ver-
daulicher Nahrung und den Raffi-
nadeprodukten der Industrie. Sie enthalten nicht die Fasern, die eine
schnelle Verdauung fester Nahrung
erschweren, haben aber dennoch
eine sehr hohe Nährstoffdichte. Der

Körper kann mit den aus Stärke ge-
wonnenen langkettigen Kohlenhydraten, aus denen die Gels bestehen,
wesentlich mehr anfangen als mit den
einfachen Kohlenhydraten.
In den meisten Gelprodukten sind
mehrere Zuckerarten enthalten (vorwiegend Maltodextrin und Fruktose).
Dadurch wird der Darm geschont,
weil die Kohlenhydrate nicht alle
gleichzeitig den Magen verlassen.
Das Risiko von Durchfall kann aber
dennoch nicht ganz ausgeschlossen
werden. Auf den Packungen wird
nachdrücklich auf die Notwendigkeit
einer ausreichenden Wasseraufnah-
me in Ergänzung zu den Konzen-
traten hingewiesen.
Der Nutzen der Geleinnahme hängt
entscheidend von der Regelmäßigkeit
ab. Gels müssen, abhängig von der
Wettkampfintensität, in regelmäßigen
und relativ kurzen Abständen (20–30
Minuten) eingenommen werden.
Bei einer nur stündlichen Gabe der
doppelten Menge an Kohlenhydraten
sinkt der Wirkungsgrad erheblich.
Ernährungsexperten empfehlen, während der Leistung 40–80 g Kohlenhydrate (160–320 kcal.) pro Stunde
aufzunehmen.
Ein ideales Kohlenhydratkonzentrat
gibt es nicht. Das Mischungsverhält-
nis von Kohlenhydraten und Wasser
ist abhängig von Klima, Wettkampfintensität und -dauer und nicht zuletzt
vom aktuellen Trainingszustand. Versuchen Sie zuerst einmal im Training
herauszufinden, welches Mischungs-
verhältnis und welches Produkt Ihnen
in welcher Situation behagt.

Neueste Errun-
genschaft in
der Sport-
ernährung:
Gel-Produkte

45

Sport beeinflusst Körper und Geist

Körperliche Aktivität beeinflusst nicht nur das Denken und die Intelligenz. Bewegung ist auf vielfältige Weise mit der Stimulierung und der Dämpfung von Stimmungen und Gefühlen verknüpft. Der Gefühlshaushalt, also die »innere Bewegung« durch Emotionen und Stimmungen, scheint in so hohem Maße von muskulärer Bewegung abzuhängen, dass sportliche Betätigung allmählich in den Rang einer Wunderdroge erhoben wird.

Sport und die Psyche

Ein Mindestmaß an körperlicher Bewegung und Aktivität ist die biologische Vorbedingung für psychische Gesundheit und Ausgeglichenheit. Physische Fitness wirkt wie ein Puffer in Zeiten, in denen emotionale Konflikte, Ängste und Depressionen der Psyche zu schaffen machen. Viele Menschen berichten, dass sie nach dem Ausüben von rhythmischen Ausdauersportarten wie Laufen, Schwimmen, Radfahren etc. eine Stimmungsverbesserung bemerken, und zahlreiche Studien bestätigen diese belebenden psychologischen Effekte. Körpertraining ist einer der wirksamsten Stimmungsverbesserer, denn es erhöht die Energie und baut die Spannung ab. Ausdauertraining ist die beste Möglichkeit, eine schlechte Stimmung loszuwerden und wieder neue Kraft zu schöpfen.

Stress – von der Spannung zur Verspannung

Das Wort »Sport« kommt vom lateinischen »Dispertare« und bedeutet »sich zerstreuen, sich vergnügen«. Der Homo sapiens und seine affenähnlichen Vorfahren verbrachten die weitaus meiste Zeit auf der Stufe von Jägern und Sammlern in einer Umwelt, die nur allzu oft Kampf oder Flucht erforderlich machte. Sekunden entschieden über Leben und Tod, wenn der Steinzeitmensch plötzlich einem Höhlenbären gegenüberstand oder bei der Jagd auf Mitglieder eines feindlichen Clans stieß. Die blitzartige Erregung durch das sympathische Nervensystem energetisiert die Muskeln und versetzt den ganzen Körper kurzfristig in einen Hochleistungszustand.

Mit gesträubten Nackenhaaren und angespannten Muskeln standen unsere Vorfahren bereit, um von ihren Waffen oder Fäusten Gebrauch zu machen oder aber, nach schneller Einschätzung der Erfolgschancen, die Flucht zu ergreifen. In beiden Fällen wird der Zustand körperlicher Erregung durch heftige Muskelaktivität verarbeitet, die Stresshormone werden abgebaut.

Stress – von der Spannung zur Verspannung

Bewegung in der freien Natur löst Spannungen und fördert die Ausgeglichenheit.

Im Leben des modernen Menschen spielen Bären und Tiger keine Rolle mehr, und die Konflikte mit anderen Menschen sind nicht durch physische Aggression oder durch Flucht zu bewältigen – zumindest sind beide Reaktionen verpönt. Was sich in Hunderttausenden von Jahren als Überlebensmechanismus entwickelt hat, ist immer noch in uns wirksam. Wir sind physiologisch Steinzeitmenschen geblieben, und wir reagieren auf die neuen Bedrohungen, Forderungen und Aufgaben unseres Lebens biologisch noch genauso wie unsere Vorfahren auf ihre Umwelt.

Die modernen Stressoren lösen aber eine körperliche Reaktion aus, die keinen »natürlichen« Abschluss findet. Wir müssen uns beherrschen, müssen Wut und Ärger unterdrücken, gute Miene zum bösen Spiel machen, auch wenn wir innerlich kochen. Die muskuläre Anspannung kann sich nicht entladen, der Blutdruck erhält oft keine Chance, sich wieder einzupendeln, die Stresshormone werden nicht abgebaut, sondern vergiften den Körper. Stressreaktionen wirken sich umso nachteiliger aus, je länger der Stressauslöser präsent bleibt – wir sind biologisch nicht dafür gebaut, anhaltende Spannung, Ärger oder Frustration oder eine unangenehme physische Dauerbelastung auszuhalten. Die negativen Emotionen Furcht, Wut, Angst und Ärger befähigen uns, bildlich gesprochen, zu

47

Genießen Sie die Schönheiten der Natur!

einem Sprint – und nicht zu einem Marathonlauf. Bleiben sie jedoch im Körper präsent, gefährden sie die innere Balance und schließlich die Gesundheit.

Die Konsequenzen daraus, dass unser Körper evolutionär zurückgeblieben ist und auf die Anforderungen unseres modernen Lebensstils »unangemessen« reagiert, sind Krankheiten wie Magengeschwüre, Bluthochdruck und Herz-Kreislauf-Erkrankungen. Das Leben unter permanentem Stress überfordert und verschleißt den Körper, bis er schließlich seine Kraft zur Regeneration verliert und krank wird. Wir alle tendieren dazu, Stresssignale viel zu spät zu erkennen, und sind dann überrascht, wenn wir Spannungskopfschmerzen haben, wenn Schultern und Nacken schmerzen oder wir »unerklärlich« erschöpft sind.

Körperliche Bewegung: der beste Stresskiller

Die wichtigste Voraussetzung für Entspannung ist das Gewahrwerden der Stressreaktionen des Körpers, und zwar nicht erst dann, wenn dieser sich muskulär verkrampft, verhärtet oder hormonell daueralarmiert ist, sondern schon möglichst früh, in der Stresssituation selbst oder kurz danach. Dieses Körperbewusstsein kann zwar die Stressreaktionen nicht verhindern, aber es versetzt uns in die Lage, ihre Folgen rechtzeitig auszugleichen und somit eine negative Langzeitwirkung zu verhindern. Kör-

perbewusstsein ist die wichtigste Voraussetzung für Entspannung.

Während der Entspannung wird der alltägliche Strom der Gedanken unterbrochen, und wir können uns auch von den hartnäckigen Sorgen und Denkschleifen abkoppeln, die uns inneren Stress verursachen. Gleichzeitig hat sie eine wichtige körperliche Auswirkung: Sie stärkt die Leistungsfähigkeit des Immunsystems. Regelmäßige Entspannung verändert langfristig die Biochemie des Körpers. In einem entspannten Körper braucht es zunehmend höhere Mengen des Stresshormons Noradrenalin, damit sich der Blutdruck und die Herzschlagfrequenz erhöhen. Die Entspannung bildet so allmählich eine Art Blockade gegen dieses Hormon und seine potenziell negative Wirkung, sozusagen eine Stressbremse.

Der Psychologe Richard Dienstbier von der University of Nebraska hat beobachtet, dass Sportler in Stresssituationen sehr viel ruhiger und gelassener reagieren als gesunde, aber untrainierte Menschen. Seine Erklärung: Regelmäßige körperliche Übungen bereiten den Körper auf Stress vor, weil sie selbst eine Form von Stress darstellen. Sportliche Aktivitäten erzeugen nämlich dieselben physischen Symptome, wenn auch in geringerem Maße: beschleunigter Herzschlag, erhöhter Blutdruck, Schwitzen, Muskelkontraktionen etc. Es scheint, als ob der Körper durch den Sport in gewisser Weise für Stress »konditioniert« wird. Die regelmäßige Ausdauerbelastung lässt ihn offenbar Stresshormone speichern, die dann in ausreichender Menge vorrätig sind, wenn wir in eine Stresssituation geraten.

Allerdings ist auch hier ein bestimmtes Maß angezeigt. Wenn Ehrgeiz und Leistung die sportliche Aktivität dominieren, wird während des Trainings ein Übermaß an Stresshormonen produziert, mit schädlichen Folgen für den Körper. Im Streben nach großen Zielen vergisst man unbewusst, sich an Kleinigkeiten des Alltags zu freuen, denn meist ist der Kopf schon einen Schritt weiter. Entwickeln Sie ein neues Bewusstsein für den Augenblick. Körperliche Bewegungen finden immer im Augenblick und nur in diesem Moment statt. Versuchen Sie, diese einzelnen Momente innig wahrzunehmen, und denken Sie nicht an Termine, Verträge und Arbeitsärger. Während des Sporttreibens erfahren Sie eine zunehmende Wachheit und Lebendigkeit. Von der Vermehrung des Sauerstoffs im Blutkreislauf profitiert in besonderem Maße das Gehirn, da es diesen Stoff weit mehr als andere Körperorgane benötigt. So wird durch das vertiefte Atmen und die Mehrversorgung mit Sauerstoff der Geist erfrischt und geklärt, die Denk- und Konzentrationsfähigkeit erhöht sich. Da zugleich die Intuition und die Spontanität wachsen, fällt es leichter, Schwierigkeiten zu meistern und Entscheidungen zu treffen. Man ist mit der »inneren Stimme« in Berührung, die einem bewusst macht, was man wirklich will.

Sport und Immunsystem

Aufgrund neuester Studienresultate wird davon ausgegangen, dass ein mäßig betriebenes Ausdauertraining mit Trainingsumfängen von ca. 3–4 Stunden pro Woche, verteilt auf 3–4 Einheiten, für das Immunsystem optimal ist. Diese Empfehlungen dürfen nicht zu eng ausgelegt werden, da die optimale Trainingssteuerung immer auch eine sehr individuelle Größe ist. Als Ausdauersportarten kommen in erster Linie Radfahren, Laufen und Walking in Frage. Sie erfüllen die Anforderungen in Bezug auf die Steuerbarkeit der Belastung optimal und können auch in höherem Alter ausgeführt werden.

Bessere Infektabwehr

Inaktiven Patienten mit gehäuft auftretenden Infekten sollte zu regelmäßigem Sport entsprechend den obigen Empfehlungen geraten werden. Die wenigen vorliegenden Studienergebnisse deuten an, dass ein regelmäßiges Training altersbedingte Abbauprozesse im Immunsystem verzögern kann sowie auch andere Degenerationsprozesse (etwa Arteriosklerose) günstig beeinflusst.
Grundsätzlich dürfte sich vor allem Ausdauersport positiv auswirken, wobei ähnlich wie bei anderen gesundheitssportlichen Aktivitäten eine mäßige Intensität unterhalb der anaeroben Schwelle empfehlenswert ist. Ein opti-

maler Effekt lässt sich wahrscheinlich nur erzielen, wenn das Training lebenslang durchgeführt wird. Langjähriges Training im höheren Lebensalter dürfte ebenfalls eine positive Wirkung haben. Sport, der in der Jugend für einige Jahre ausgeübt und dann aufgegeben wurde, hat keine Bedeutung, erleichtert aber die Wiederaufnahme von sportlicher Aktivität. Es muss berücksichtigt werden, dass ältere Menschen häufig Vorschäden am Bewegungapparat und an inneren Organen haben. In jedem Fall sollte vor Trainingsbeginn eine koronare Herzerkrankung durch ein Belastungs-EKG ausgeschlossen werden.

Erhöhtes Infektionsrisiko

Bei intensiv Trainierenden stellte man eine erhöhte Rate an Atemwegsinfekten fest, wobei mit zunehmendem Training das Risiko anstieg. Beim Leistungssportler im Übertraining ist das gehäufte Auftreten von Infektionen sogar typisch. Grundsätzlich wird ein höherer Trainingsumfang besser vertragen als eine Erhöhung der Intensität. Das Training muss daher die negativen Auswirkungen von Wettkämpfen bzw. hochintensiven Übungseinheiten auf das Immunsystem berücksichtigen. Besonders lang anhaltende Belastungen mit hohen Laktatwerten und unzureichender Regeneration wirken ungünstig. Unbedingt zu vermeiden sind weitere negative Faktoren wie psychischer Stress oder eine Minderversorung mit essenziellen Substanzen.

Bike-Training mit Köpfchen

Die optimale Gestaltung der Trainingszeit

Wir wollen Ihnen nicht nur die »Zutaten« bzw. verschiedene Trainingsarten und neue Trainingsmöglichkeiten vorstellen, sondern einen Schritt weiter gehen. Wir möchten Ihnen auch zeigen, wie und wie lange Sie den »Kuchen backen« sollten. Sportler sind »energiegeladene« Individuen. Manchmal haben sie zu viel Energie, manchmal auch zu wenig. Sie können aber lernen, unter Zuhilfenahme einer Trainingsplanung mit diesen Kräften gezielter umzugehen.

Die zielgerichtete Trainingsplanung kann mit einer Treppe verglichen werden, die zum individuellen Trainingserfolg führt. Um auf die nächsthöhere Treppenstufe zu gelangen, geht man über die darunter liegende. Diese muss jedoch zuerst erarbeitet werden. Dazu wird ein »roter Faden« benötigt, der den Sportler durch den Trainingsalltag führt. Die einzelnen Trainingsphasen sind dabei sehr lang.

Der Alltag beinhaltet genügend Versuchungen oder Verpflichtungen, um uns vom eingeschlagenen Weg abzubringen. Die Farbe des Fadens kann, je nach Zielsetzung und Konsequenz, von hell- bis dunkelrot variieren. Er lässt Ihnen also ausreichend Spielraum, die eigenen Trainings- und Körpererfahrungen mit einzubeziehen. Dies ist sehr wichtig, denn jede gute Trainingssystematik funktioniert nur in Kombination mit einem guten Körperbewusstsein!

Die Farbgrafik auf S. 57 zeigt den »roten Faden« dieser Trainingssteuerung auf einen Blick auf.

Die Teilnahme an Wettkämpfen – wie hier den Swiss Bike Masters – setzt gezieltes Training voraus.

Bergfahrten in alpinem Gelände stellen hohe Anforderungen an die Athleten.

Die häufigsten Fehler in der Trainingsplanung

- keine oder unklare Zielsetzungen und Leistungsziele
- keine Stärken-/Schwächenanalyse
- keine systematische Steigerung bzw. Drosselung der Trainingsumfänge (zu hohe Trainingsintensitäten)
- schlechte Abstimmung der Belastungs- und Erholungsphasen
- ungenügendes Wissen über die körperlichen Auswirkungen der verschiedenen Trainingsmittel, Trainingsmethoden und Trainingsintensitäten
- mangelndes Verständnis für das angewandte Trainingssystem
- unrealistische Trainingsvorgaben, die nicht dem tatsächlichen Zeitbudget entsprechen
- fehlende oder nicht ausreichend konsequente Einhaltung eines wirksamen und vernünftigen Trainingssystems

Tipps zur Trainingsplanung

- Nehmen Sie sich Zeit für eine persönliche Stärken- und Schwächenanalyse und setzen Sie sich klare, realistische Ziele.
- TeilenSie Ihre Vorbereitungszeit in verschiedene Etappen und Zyklen ein. Planen Sie nicht nur die Belastung, sondern auch die ebenso wichtige Erholungszeit.
- Berücksichtigen Sie Ihr Zeitbudget und lassen Sie persönliche Erfahrungen in die Planung einfließen.
- Trainieren Sie mit unterschiedlichen Trainingsmethoden und -mitteln, Intensitätsstufen und Dosierungen – und mit Freude.
- Leistungstests können sinnvolle Mittel zur Trainingssteuerung sein.
- Informieren Sie sich laufend über neue Entwicklungen in der Trainingslehre (auch Altes kann sehr nützlich sein!), aber verändern Sie nicht ständig Ihr Trainingssystem.

53

Stärken- und Schwächenanalyse

Beim leistungsorientierten Sportler geht es grundsätzlich darum, die Schwächen zu beseitigen und die Stärken aufzubauen. Alle leistungsbestimmenden Faktoren müssen möglichst gleichmäßig in die Trainingsplanung mit einbezogen, weiterentwickelt und optimiert werden. Doch bevor man sich überlegt, wie man am besten ans Ziel gelangt, sollte man wissen, wohin man überhaupt will. Sonst muß man sich nicht wundern, wenn man an einem ganz anderen Ort ankommt!
Man sollte sich deshalb genügend Zeit nehmen, um mit Hilfe eines Athletenprofils die individuellen Saisonhöhepunkte und Leistungsziele aufzuzeichnen. Eine intensive Analyse der eigenen Stärken und Schwächen ist unbedingt erforderlich. Ein gewissenhaft erstellter »Athletensteckbrief« ist ein gutes Hilfsmittel für die persönlich durchgeführte Planung und liefert auch einem Trainer wichtige Informationen. Dies ist keine Einteilung in »gute« und »schlechte« Fahrer, sondern soll vor allem aufzeigen, wie wichtig die Ausgeglichenheit der verschiedenen Leistungsfaktoren ist. Das Erstellen eines Athletenprofils sollte immer am Anfang einer Trainingsplanung stehen. Leistungsverbesserungen müssen dabei berücksichtigt und die Schwerpunkte jeweils neu gesetzt werden.

Stärken- und Schwächenanalyse (Selbstbeurteilung)

Ziel ist, eine möglichst ausgewogene Punktzahl zu erreichen, also Schwächen (hohe Punktzahl) zu verbessern und Stärken (niedrige Punktzahl) zu festigen.

Kondition:	Punkte	Mentale Voraussetzungen:	Punkte
Grundlagenausdauer		Konzentration	
Kraft		Selbstvertrauen	
Fahrtechnik		Nervosität vor Rennen	
Schnelligkeit		Durchhaltevermögen	
Beweglichkeit			
Erholungsförderung			

MTB-spezifisch:		Andere Faktoren:	
Downhill		Umfeld	
Mut/Überwindung		Ausrüstung	
Wendigkeit		Trainingsplanung	
Hindernisfahren		Ernährung	

Punktewertung: 1, 3 oder 5
1 = gut, 3 = normal, 5 = verbesserungsbedürftig

Die persönliche Trainingsplanung in 5 Schritten

1. Schritt: Jahrestrainingsstunden

Vom richtigen Ermitteln der verfügbaren Trainingszeit hängen zum großen Teil der Erfolg und die Realisierbarkeit Ihrer persönlichen Trainingsplanung ab. Um die Jahrestrainingsstunden zu errechnen, müssen Sie zuerst herausfinden, wie viele Stunden pro Woche Sie, neben Beruf und anderen Verpflichtungen, in das systematische Mountainbike-Training investieren können und möchten. Zu beachten ist dabei, dass der Trainingsumfang langsam und systematisch gesteigert wird. Sollten Sie bereits in der Anfangsphase Zeitschwierigkeiten haben, ergeben sich in den wichtigen und zeitintensiven Trainingsperioden noch größere zeitliche Probleme. Die Folgen sind Nichteinhaltung des Trainingsplans und Stress. Die optimale Steigerung des Trainingsumfangs liegt bei ca. 10% pro Jahr und sollte 20% möglichst nicht übersteigen. Wenn Sie jedoch davon überzeugt sind, dass Ihr Organismus und Ihr Umfeld eine solche Umfangserhöhung problemlos verkraften können, so sollten Sie zumindest den erholungsfördernden Maßnahmen besondere Beachtung zukommen lassen.
Ihre Jahrestrainingsstunden ergeben sich, wenn Sie die Ihnen wöchentlich zur Verfügung stehende Trainingszeit mit 52 multiplizieren.
Sollte eine Ganzjahresplanung nicht realisierbar oder erwünscht sein, dann können Sie Ihr Training selbstverständlich auch über einen kürzeren Zeitraum (z. B. 6 oder 9 Monate, zweite Wettkampfsaison) planen. Berechnen Sie dafür einfach die Gesamtstunden der verfügbaren Vorbereitungs- und Wettkampfzeit und wenden Sie dieselbe Periodisierung an.

2. Schritt: 4-Wochen-Zyklen

Im Radsport hat sich die Planung in 4-Wochen-Zyklen gut bewährt. Die Trainingsbelastungen werden dabei auf 3 Wochen verteilt, der Umfang wird von Woche zu Woche kontinuierlich und dosiert gesteigert. Die 4. Woche dient der aktiven Erholung. Der Organismus muß Zeit und Möglichkeiten haben, sich an die gesetzten Trainingsreize zu gewöhnen und anzupassen. Vorrangig wird festgelegt, zu welchem Zeitpunkt das Training beginnen soll und wann die Saisonhöhepunkte (Wettkämpfe, Radtouren, Trainingsferien etc.) stattfinden. Das Jahr bzw. die verfügbare Zeit wird dann in 4-Wochen-Blöcke und in die 5 verschiedenen Trainingsetappen (siehe S. 56 ff.) eingeteilt.

3. Schritt: Stunden pro Zyklus

Ausgehend vom persönlichen Jahresgesamtumfang (= 100%) werden die Zeitumfänge für die einzelnen 4-Wochen-Zyklen bestimmt.

55

4. Schritt: Wochenstunden

Die Trainingsstunden pro Zyklus werden nun auf die einzelnen Wochen
aufgeteilt. Dabei dient die im Folgenden aufgeführte prozentuale Bela-
stungssteigerung von Woche zu
Woche als Orientierung, um die
größtmöglichen Anpassungen zu erzielen.

- 1. Woche: 25%
- 2. Woche: 30%
- 3. Woche: 35%
- 4. Woche: 10%

Der prozentuale Anteil in der 4. Woche ist mit 10% sehr niedrig angelegt
und entspricht dem minimalen Zeitaufwand.

5. Schritt: Trainingseinheiten

Zum Schluss werden die zeitlichen
Anteile der verschiedenen Trainingsarten am eigenen wöchentlichen

Massenstart
bei einem
Cross-Country-
Rennen

Trainingspensum bestimmt und auf
die einzelnen Trainingseinheiten der
bevorstehenden Woche verteilt. Die
Häufigkeit des Trainings hat einen
entscheidenden Einfluss auf dessen
Gestaltung. Grob gesagt bedeutet
das: Wer zweimal wöchentlich trainiert, sollte sich zuallererst darum
bemühen, eine dritte Einheit zu realisieren, bevor er die Intensität der Einheiten erhöht.

Die 5 Jahres-
trainingsetappen

Jede der 5 Etappen stellt unterschiedliche Anforderungen an den Organismus und löst auch verschiedene
Anpassungen aus, die für die
planmäßige Entwicklung der individuellen Leistungsfähigkeit notwendig sind.

Etappe 1: Basistraining

In dieser ersten Aufbauphase sollte
deshalb mit den Kräften noch vor-
sichtig, ja schon fast sparsam umge-
gangen werden. Hier geht es hauptsächlich um die Verbesserung der
Energiebereitstellung und des Sauer-
stofftransports durch einen hohen
Prozentsatz an Langzeit- und Ausdauertraining auf den Intensitätsstufen 1 und 2. Die einzelnen Trainingseinheiten dauern zwar länger,
aber die Geschwindigkeit ist gering.
Zu diesem Zeitpunkt ist noch kein
Platz für »schwere Beine«.

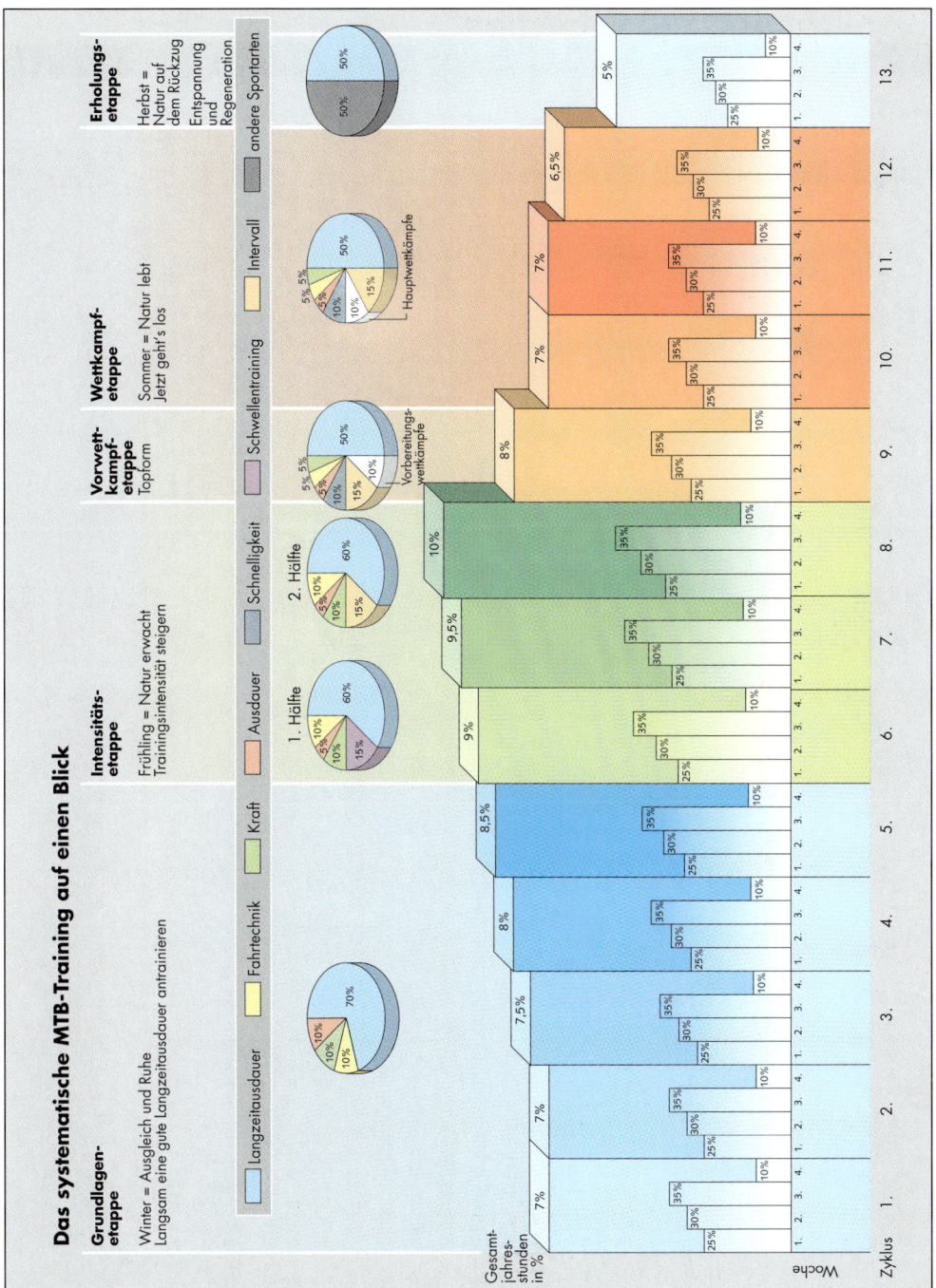

Das systematische MTB-Training auf einen Blick

Bike-Training mit Köpfchen

Mountainbike-Trainingsplan für Jimmy Bike

Anzahl Stunden pro Woche	5				
Anzahl Monate	12			Periodisierung in %	
Jahrestrainingsstunden	260			25 30 35 10	

Zyklus	Zeit-raum	Etappe	Trainings-schwerpunkte*	Jahres-std. in %	Anzahl Std.	1	2	3	4
1		Grundlagen-etappe	Ausdauer = aerober Aufbau; Kraft, Fahr-technik, Ausdauer, Alternativsportarten	7	18,2	4,6	5,5	6,4	1,8
2		Grundlagen-etappe	Ausdauer = aerober Aufbau; Kraft, Fahr-technik, Ausdauer, Alternativsportarten	7	18,2	4,6	5,5	6,4	1,8
3		Grundlagen-etappe	Ausdauer = aerober Aufbau; Kraft, Fahr-technik, Ausdauer, Alternativsportarten	7,5	18,5	4,9	5,9	6,8	2,0
4		Grundlagen-etappe	Ausdauer = aerober Aufbau; Kraft, Fahr-technik, Ausdauer, Alternativsportarten	8	20,8	5,2	6,2	7,3	2,1
5		Grundlagen-etappe	Ausdauer = aerober Aufbau; Kraft, Fahr-technik, Ausdauer	8,5	22,1	5,5	5,6	7,7	2,2
6		Intensitäts-etappe	Schwellentraining, Ausdauer, Erholung, Kraft, Fahrtechnik	9	23,4	5,9	7,0	8,2	2,3
7		Intensitäts-etappe	Schwellentraining, Intervall, Ausdauer, Erholung, Kraft, Fahrtechnik	9,5	24,7	6,2	7,4	8,6	2,5
8		Intensitäts-etappe	Intervall, Ausdauer, Erholung, Kraft, Fahr-technik	10	26	8,5	7,8	9,1	2,6
9		Vorwettkampf-etappe	Vorbereitungswettkämpfe, Intervall, Schnellig-keit, Ausdauer, Erholung, Kraft, Fahrtechnik	6	20,6	5,2	6,2	7,3	2,1
10		Wettkampf-etappe	Hauptwettkämpfe, Schnelligkeit, Intervall, Ausdauer, Erholung, Kraft, Fahrtechnik	7	18,2	4,6	5,5	6,4	1,8
11		Wettkampf-etappe	Hauptwettkämpfe, Schnelligkeit, Intervall, Ausdauer, Erholung, Kraft, Fahrtechnik	7	18,2	4,6	5,5	6,4	1,8
12		Wettkampf-etappe	Hauptwettkämpfe, Schnelligkeit, Intervall, Ausdauer, Erholung, Kraft, Fahrtechnik	6,5	18,9	4,2	5,1	5,9	1,7
13		Erholungsetappe	Alternativsportarten, aktive Erholung	5	13	3,3	3,9	4,6	1,3

* Die Trainingsschwerpunkte sind nach Prioritäten geordnet.

Oben: Die verschiedenen Trainingsetappen, -zyklen und -schwerpunkte bei 5 Trainings-stunden pro Woche

Rechts: Die unterschiedlichen Inten-sitätsstufen am Beispiel eines Maximal-pulses von 186 Schlägen pro Minute

Maximalpuls	186	Puls	
Trainingsstufe	Intensitätsstufe	von	bis
1	60– 70% der MHF	112	130
2	71– 75% der MHF	132	140
3	76– 80% der MHF	141	149
4	81– 90% der MHF	151	167
5	91–100% der MHF	169	186

Wenn diese Einheiten auf dem Mountainbike und im Gelände absolviert
werden, ist auf eine möglichst gleich-
mäßige Herzfrequenz zu achten. Es
ist immer eine Herausforderung, einen sehr steilen Anstieg fahrend zu
bewältigen; wird der Organismus
aber gezwungen, im »roten Bereich«
zu arbeiten, sollte das Bike aus-
nahmsweise einmal geschoben werden. Ein regelmäßiges Fahrtechnik-
und Krafttraining wird ebenfalls eingeplant.
Während der ersten 75 % dieser Trainingsetappe spielen intensive Trai-
ningsformen keine oder nur eine untergeordnete Rolle. Erst gegen Ende
nimmt die Intensität allmählich zu.

Wintertraining

Mountainbiking ist eine Ganzjahressportart. Wird die Mountainbike-Sai-
son ganzjährig geplant, fällt ein
großer Teil des Vorbereitungstrai-
nings auf das Winterhalbjahr. Wir
möchten für ein Wintertraining begeistern und dazu motivieren. Mountainbiken ist im Winter besonders erleb-
nisreich. Diese Jahreszeit eignet sich
hervorragend zur Verbesserung der
Fahrtechnik und ist wichtig für einen
guten Trainingsaufbau.
Das Training im Winter sollte unge-
zwungen und ohne Leistungsdruck
sein. Das Fahren auf schwierigem Untergrund, auf Matsch, Eis, Schnee
und in hartgefrorenen Spuren beinhaltet anspruchsvollste fahrtechnische
Übungen und stellt hohe Anforderungen an Kraft, Ausdauer und Koordi-

Wintertraining
fördert vor
allem die fahr-
technischen
Fähigkeiten.

59

nation. Das Wintertraining auf dem Rad birgt keine gesundheitlichen Risiken, wenn die Ratschläge zur Trainingsplanung, Erholung, Ernährung und Bekleidung berücksichtigt werden. In wind- und witterungsgeschütztem Gelände lässt sich auch bei Minustemperaturen gut trainieren.

Etappe 2: Intensitätsetappe

Jetzt wird es Zeit, mehr Druck auf die Pedale zu geben. In dieser Etappe werden die Trainingsbelastungen sowohl im Hinblick auf den Umfang (in Stunden) als auch hinsichtlich der Intensität in Form von spezifischem Schnelligkeitstraining, Intervalltraining und Training im Renntempo erhöht. Die Fähigkeit des Körpers, hochintensive Belastungen über längere Zeiträume zu tolerieren, wird dabei gesteigert. In der ersten Hälfte dieser Etappe helfen sogenannte Schwellentrainings, den Übergang vom »orangefarbenen« in den »roten« Bereich nach oben zu verschieben. Anschließend wird der Anteil der hochintensiven Trainingsmethoden (Intervalle, Vorbereitungsrennen) erhöht. Um die in Etappe 1 erarbeitete aerobe Grundlage zu erhalten, sollte immer noch zu einem hohen Prozentsatz (50–60%) im Langzeitausdauerbereich trainiert werden. Ein Sportler, der maximale Leistung bringen will, ist geneigt, zu schwierige Trainingseinheiten zu absolvieren. Er ist oftmals erst zufrieden, wenn auch im Training das gleiche Müdigkeitsgefühl wie im Wettkampf erreicht wird.

Zu häufiges intensives Training hat aber einen negativen Einfluß auf das sportliche Leistungsvermögen.

Etappe 3: Topform-Etappe

Die Topform-Etappe ist durch eine Abnahme des Trainingsumfangs gekennzeichnet. Die Intensität ist bei bestimmten Trainingskomponenten wie etwa Schnelligkeits-, Intervall- und Tempotraining sehr hoch, um die Bewegungstechnik und die Energiebereitstellung bei hohen Geschwindigkeiten zu verfeinern. Der Schwerpunkt dieser Etappe liegt auf einer ausreichenden Erholung. Der Organismus muß vollständig erholt sein, damit die Energiespeicher vor den harten Wettkämpfen wieder komplett aufgefüllt sind. Die ersten Mountainbike-Rennen stehen bereits an! Zur Beibehaltung der guten Grundlagenausdauer bestehen immer noch ca. 50% des Gesamttrainingsumfangs aus Belastungen mit niedriger Intensität.

Etappe 4: Wettkampfetappe

Lassen Sie Ihren Kräften jetzt freien Lauf und freuen Sie sich auf die Wettkämpfe. Wenn Sie richtig geplant und mit der nötigen Konsequenz und einer guten Portion Körpergefühl trainiert haben, sind Sie jetzt in Ihrer optimalen Wettkampfform. Absolvieren Sie nach wie vor ca. 50% der Gesamttrainingszeit im Intensitätsbereich 1 und 2. Intervall- und Schnelligkeitstraining machen weitere 10–15% aus,

die restliche Zeit ist den Wettkämpfen gewidmet.
Mountainbike-Rennen sind körperlich sehr anspruchsvoll. Schenken Sie in dieser Phase den aktiven erholungsfördernden Maßnahmen besondere Beachtung.

Etappe 5: Erholungsetappe

Nach einer anstrengenden Wettkampfperiode sollten zwischen 4 und 8 Wochen der aktiven Erholung gewidmet werden. Reduzieren Sie den Trainingsumfang und üben Sie hauptsächlich Alternativsportarten auf einer niedrigen Intensitätsstufe aus. Das Training ist zu dieser Zeit wenig strukturiert und variantenreich.

Die 5 Intensitätsstufen

Um die Trainingsbelastungen richtig zu dosieren, muß man sie messen können. Die Zeit eignet sich sehr gut, um die Belastung für den Organismus im Training abzuschätzen. Doch ist es vor allem die richtige Intensität, die über Erfolg und Misserfolg entscheidet.
Tausende von Freizeitsportlern trainieren jahraus, jahrein mit dem gleichen Belastungsgrad. Vor allem der trainierte Organismus verlangt aber nach immer differenzierteren und gesteigerten Trainingsreizen, um sich weiterzuentwickeln. Bei gleichbleibenden Belastungen stumpft der Körper ab. Die

Leistungsentwicklung stagniert und die Erfolgserlebnisse bleiben aus.
Eine gute Maßeinheit, um den Belastungsgrad des Trainings zu messen und zu beurteilen, sind die 5 Intensitätsstufen nach Rob Sleamaker. Sie basieren auf der maximalen Herzfrequenz. Mit einer regelmäßigen Kontrolle der verschiedenen Herzfrequenzstufen wird es nicht lange dauern, bis sich ein genaues Gefühl für die unterschiedlichen Ermüdungsstufen entwickelt hat. Zu empfehlen ist ein präzises und finanziell erschwinglich gewordenes Herzfrequenzmessgerät. Gesunder Ehrgeiz, Talent und Trainingskonsequenz sind zwar wichtige Voraussetzungen, um Topleistungen zu erbringen, an einem gut entwickelten Körperbewusstsein führt jedoch kein Weg vorbei!
Die verschiedenen Intensitätsstufen sind vergleichbar mit den Farben eines Regenbogens. Es ist leicht, die Mitte des orangefarbenen Streifens zu erkennen, aber viel schwieriger, genau die Stelle zu nennen, an der die Farben bzw. die unterschiedlichen Intensitätsstufen ineinander übergehen.

Intensitätsstufe 1: 60–70 % der maximalen Herzfrequenz (MHF)

Auf dieser Stufe wird hauptsächlich das Langzeitausdauertraining absolviert. Da die Belastungen nahezu geringfügig anmuten, nennen wir die Trainingsgeschwindigkeit auch das »Schlechte-Gewissen-Tempo«. Umso wichtiger ist es, diese Einheiten kon-

61

sequent langsam zu beginnen und auch so zu beenden. Letztlich wird sich dieses Training aufgrund der Länge, der Energie- und der Flüssigkeitsverluste als genügend erschöpfend herausstellen. Das Training in der Gruppe birgt einige Gefahren. Die jeweilige Trainingsintensität sollte auf die persönlichen Bedürfnisse abgestimmt und nicht an die des Trainingspartners angepasst werden.

Intensitätsstufe 2: 71–75 % der MHF

Ausdauertraining und Trainingseinheiten mit mäßigem Tempo (z. B. Ein- und Ausfahren) von bis zu 2 Stunden Dauer werden in diesem Intensitätsbereich absolviert. Für das subjektive Empfinden ist das Training etwas härter als das Langzeitausdauertraining.

Die verschiedenen Intensitätsstufen und ihre Auswirkungen auf den Körper				
Stufe	% der MHF	Laktat	Körperliche Anpassungen	Wichtigste Trainingsmittel
1/ 2	60–70 71–75	1–2 mmol	● Verbesserung der Sauerstoffnutzung ● Verbesserung der Erholungsfähigkeit ● Stärkung des Immunsystems	● Langzeitausdauer ● Kraft ● Fahrtechnik ● andere Sportarten
3	76–80	2–3,5 mmol	● Verbesserung der Sauerstoffnutzung ● Verbesserung der Erholungsfähigkeit	● kurzes und mittellanges Training ● andere Sportarten
4	81–90	ca. 4 mmol	● Anheben des aerob-anaeroben Übergangs ● Verbesserung der Fähigkeit, Milchsäure zu beseitigen ● Rekrutierung von FT-Fasern[1]	● Schwellentraining ● Intervalltraining ● Vorbereitungswettkämpfe
5	91–100	z.T. über 4 mmol	● Erreichen der max. Wettkampfleistung	● Wettkämpfe ● Spitzengeschwindigkeiten
[1] schnell zuckende Muskelfasern				

Durchschnittliche Zeitspannen für einzelne Erholungsabläufe nach entsprechenden Belastungen		
Erholungsvorgänge	Zeitdauer	Notwendige Belastung
Wiederauffüllung des Kreatin-phosphats[1] Superkompensation[2]	3–5 Min. 20–30 Min.	Maximalbelastung, 10–12 Sek. (z. B. Sprints)
Abbau des Blutlaktats Halbwertszeit	1–3 Std. ca. 15 Min.	sehr intensive Belastungen
Beginn der Glykogenauffül-lung, v. a. in den FT-Fasern[3]	bis 30 Min.	hohe Trainings- und Wett-kampfgeschwindigkeiten
Kompensation von Glykogen, v. a. in ST-Fasern[3]	24–36 Std.	intensive Ausdauerbelastungen (45–60 Min.)
Elektrolytausgleich (Natrium, Kalium)	6 Std.	lange Belastungen (> 1 Std.) mit Flüssigkeitsverlusten
Aufbau kontraktiler Eiweiße[4] (Aktin, Myosin)	12–48 Std.	maximale Muskelbelastung
Ausgleich verlorener Muskel-enzyme[5]	48–60 Std.	hochintensive oder überlange Belastungen
Wiederaufbau von Struktur-eiweiß (z. B. Mitochondrien[6])	48–72 Std.	häufige Laktatbildung im Muskel (Übersäuerung)
Superkompensation[2] der Gly-kogenspeicher	2–3 Tage bei kohlenhy-dratreicher Ernährung	intensive Ausdauerbelastungen (60–90 Min.)
Elektrolyausgleich (Magne-sium, Eisen)	2–3 Tage	lange Belastungen mit Flüssig-keitsverlusten
Ausgleich im Hormonhaushalt	2–3 (5) Tage	sehr hohe Belastungen, häufige Intensitätsänderungen, psychischer Stress
Cortisol[7]-Resynthese	3–5 (7) Tage	Langzeitausdauerbelastungen
Neuaufbau von Strukturei-weiß (Enzyme, Mitochondrien, Binde- und Stützgewebe)	Tage bis Wochen	lange, relativ intensive Bela-stungen (z. B. Wettkämpfe)

[1] Direkter Energiespeicher der Zelle, wird als »Muskeltreibstoff« benutzt, der letztendlich die Muskelkontraktion auslöst.

[2] Bei einer Entleerung der Speicher kommt es zu einer Wiederauffüllung, die über das ursprüngliche Ausgangsniveau hinausreicht.

[3] Fast-Twitch-Fasern, schnell zuckende Skelettmuskelfasern, ermüden rascher als langsam zuckende Slow-Twitch-Fasern (ST-Fasern)

[4] Eiweiße, die sich verkürzen können.

[5] Enzyme sind für jede chemische Reaktion im Körper notwendig. Mineralien, Vitamine und Hormone benötigen Eiweiß zur richtigen Entfaltung ihrer Wirkung.

[6] In den Mitochondrien innerhalb der Muskelzellen erfolgt die Energieverbrennung. Durch Ausdauertraining vergrößern sich die Mitochondrien auf das Zwei- bis Dreifache.

[7] Cortisol beeinflusst u. a. die Glykogenspeicherung in der Leber und den Aufbau von Zucker aus Eiweiß.

Intensitätsstufe 3: 76–80% der MHF

Diese Stufe ist der Bereich, in dem die meisten Sportler trainieren. Vor allem für Untrainierte und Anfänger hat dieses Training anfänglich sicher einen positiven Effekt. Mehr und längere Trainingseinheiten auf Stufe 1 in Kombination mit einem Training auf den restlichen Intensitätsstufen würden jedoch den meisten Sportlern wahrscheinlich mehr bringen. Da die Energiegewinnung in diesem Bereich hauptsächlich über die Kohlenhydratspeicher abläuft, werden die Speicher jedes Mal entleert und müssen wieder aufgefüllt werden. Zu viel Training in diesem Bereich kann sich daher ungünstig auf die sportliche Entwicklung auswirken. Trotzdem sollte ein gewisser Anteil des Trainings in diesem Intensitätsbereich stattfinden.

Intensitätsstufe 4: 81–90% der MHF

»Killer-Training« wie Intervall-, Wettkampf- bzw. Tempotrainingseinheiten sind vorbereitende Trainingsmaßnahmen für die eigentlichen Wettkampfbelastungen. Sie erfordern eine Intensität im selben Bereich. Das Training in dieser »orangefarbenen« Zone ist hart und intensiv, aber dafür auch sehr gewinnbringend. Es verbessert die aerobe und die anaerobe Energiebereitstellung und die Fähigkeit des Sportlers, das sich beim Wettkampftempo anhäufende Laktat zu »puffern« bzw. zu neutralisieren. Diese teilweise hochintensiven Belastungen sollten bis zum Schluß möglichst kontrolliert, mit harmonischen, kräftigen Bewegungen und ohne »Gummibeine« absolviert werden können. Die Gefahr, während des Trainings von der »orangefarbenen« in die »rote« Zone (Intensitätsstufe 5) zu kippen, ist vor allem bei unerfahrenen Sportlern relativ groß. Sie sollten diese Intensitätsstufe noch meiden, um die Leistungsfähigkeit auch weiterhin steigern zu können.

Intensitätsstufe 5: 91–100% der MHF

Nur während der Topform- und der Wettkampfetappe wird im Bereich der Intensitätsstufe 5 trainiert. Diese Trainingseinheiten beinhalten maximale Geschwindigkeiten von kurzer Dauer (z. B. Sprints von 15–20 Sekunden). Nach Trainingseinheiten auf

Stufe 5 sollte der Körper bei den ersten anstehenden Mountainbike-Rennen in Topform sein.

Maximalpulstest

Ohne großen Aufwand lässt sich der persönliche Maximalpuls ermitteln. Man fährt dazu mit Maximalgeschwindigkeit für ca. 4–5 Minuten eine Steigung empor. Die Belastung wird dabei bis zur Maximalgeschwindigkeit gesteigert. Ideal ist dafür eine geringe Steigung von 3–4 Kilometer Länge. Im letzten Teil der Teststrecke erfolgt noch ein Schlussspurt bis zur maximalen Erschöpfung, um die maximale Herzfrequenz möglichst exakt zu ermitteln. Außerdem sollte der Fahrer während dieses Tests alles geben – und vorher gut erholt sein: Zum Erreichen der MHF ist eine hohe Trittfrequenz entscheidend, ansonsten könnte die Leistungsgrenze durch die Ermüdung der Beinmuskulatur zu früh bestimmt werden.
Wird mit verschiedenartigen Trainingsmitteln trainiert (z. B. Skilanglauf, Schwimmen, Laufen etc.), sollte der Maximalpulstest auch in diesen Sportarten durchgeführt werden, denn die Pulshöchstwerte variieren von Sportart zu Sportart. Als ungefährer Maximalpuls können auch Höchstwerte aus Wettkämpfen oder Conconi-Tests verwendet werden. Der Maximalpuls kann abhängig von äußeren Einflüssen, Trainingszustand oder Tageszeit leicht variieren. Es ist notwendig, ein Gefühl für den eigenen Höchstpuls zu entwickeln.

Trainingstagebuch

Das Führen und das Auswerten eines Trainingstagebuchs sind bereits fast die Hälfte des eingangs erwähnten »roten Fadens«. Das Tagebuch ist nicht nur für das Protokollieren und das Auswerten der einzelnen Trainingseinheiten wichtig, sondern eignet sich auch gut für die Planung.

Wochenplanung

Wird am Wochenanfang auf der Rückseite eines A4-Blatts die voraussichtliche Trainingseinteilung gemacht, so kennt man das »Trainingssoll« bzw. das Wochenpensum im Voraus. Dadurch wird es leichter, das geplante Wochentrainingsziel zu erreichen. Die wichtigsten Eintragungen betreffen:

- Befinden: Zu viele Eintragungen unter »schlecht« können ein Anzeichen für Krankheit, Übertraining, schlechte Belastungsdosierung etc. sein.
- Gewicht: Während des Wintertrainings kann ein leicht erhöhtes Körpergewicht sogar nützlich sein (Resistenz), ansonsten ist auf möglichst konstantes Gewicht zu achten.
- Intensität: Die 5 Intensitätsstufen sind die wichtigsten Messhilfen zur Beurteilung der eigenen Trainingsbelastung.
- Gesamttrainingsstunden: wichtige Messhilfe zur Bestimmung der Gesamtbelastung pro Woche.

65

Die geplanten Trainingsstunden werden auf die bevorstehende Woche aufgeteilt (linke Seite).

Rechte Seite: Eine wertvolle Hilfe bei der Auswertung des Trainings ist das Führen eines Trainingstagebuchs.

Beispiel für das Aufteilen der geplanten Trainingsstunden pro Woche

Trainingsetappe: Grundlage...... Zyklus: ...2..... Woche: ...2... Monat: ..Januar... Name: ..Jimmy Bike....

	Wann? (Trainingsbeginn) Wo? (Ort)	Langzeit-ausdauer	Ausdauer	Fahr-technik	Kraft	Schwellentraining	Intervall	Schnellig-keit	Vorb.-wettkämpfe	Haupt-wettkämpfe	Alternativsportarten	Zeit
Mo												
Di	Arbeitsweg mit Rad, Kraftübertragungen zu Hause		2x 30 Min.		30 Min.							1,30 Std.
Mi												
Do	18.00 Lauftraining, Kraftübungen zu Hause		45 Min.		30 Min.							1,15 Std.
Fr												
Sa	9.00 kurze Ausfahrt mit MTB, Tricks im Wald		40 Min.	20 Min.								1 Std.
So	10.00 lockere Ausfahrt mit Freunden	ca. 2 Std.										2 Std.
		2 Std.	145 Min.	20 Min.	60 Min.							5,45 Std.

geplanter Zeitaufwand: 6 Std.

Beispiel eines Trainingsprotokolls

Trainingsetappe: .... Zyklus: .... Woche: .... Monat: .... Name: ....

Befinden	Wetter	Puls, Gewicht	Intensitäts-stufe	Langzeit-ausdauer	Ausdauer	Fahr-technik	Kraft	Schwellen-training	Intervall	Schnellig-keit	Vor-berei-tungs-wett-kämpfe	Haupt-wett-kämpfe	Alter-nativ-sport-arten	Bemerkungen	Stunden
schlecht / gut / sehr gut			1 2 3 4 5												
gesamt															

Bemerkung: _____

Ist-Gesamttrainingsstunden

Soll-Gesamttrainingsstunden

Trainingsarten

Spezifisches Training führt zu spezifischen Veränderungen im Körper, d. h. zu ganz verschiedenen Anpassungen, die mit dem durchgeführten speziellen Training in engem Zusammenhang stehen.

Um die Leistung zu steigern, müssen die Ebenen der Energiegewinnung nach oben verschoben werden.

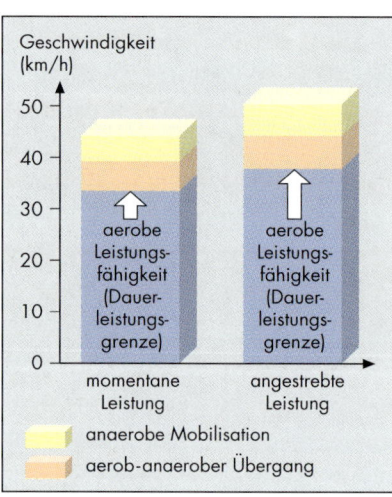

Ausdauer

Eine gute Ausdauer ist nicht nur Grundlage für jede Sportart, sondern auch die beste Vorsorge gegen Erkrankungen. Vom Ausdauertraining profitieren Sie zudem beim Erlernen einer neuen Sportart. Je besser ihre Ausdauer ist, umso langsamer ermüden Sie. Und wer langsam ermüdet, lernt viel besser.

Mountainbiken ist eine spezielle Mischform von sehr intensiven (Aufstiege) und eher gemäßigten (Abfahrt) Belastungen. Diese typischen Wechselverhältnisse stellen spezielle Anforderungen an die Muskulatur, das Herz-Kreislauf-System und die verschiedenen Stoffwechselsysteme. Der Ausdauer kommt deshalb auch im Mountainbike-Training sehr hohe Bedeutung zu. Eine gute Ausdauer kann folgende Aufgaben erfüllen:

- längstmögliche Aufrechterhaltung einer hohen Belastungsintensität in Training und Wettkampf
- Verbesserung der physischen und psychischen Belastungsverträglichkeit bei umfangreichen Trainings- und Wettkampfbelastungen
- Stabilisierung von Fahrtechnik und Konzentrationsfähigkeit, auch über einen längeren Zeitraum
- gute Erholungsfähigkeit

Vor allem der leistungsorientierte Fahrer ist bei seinen harten Trainingseinheiten stark gefordert. Eine ausgeprägte Grundlagenausdauer bildet die Basis für diese intensiven Belastungsreize. Die positiven körperlichen Anpassungen regelmäßigen Sporttrainings sind bei richtig dosiertem Ausdauertraining am größten. Auch der Fitness- und Gesundheitssportler trainiert deshalb möglichst viel im Ausdauerbereich, um seine Fitness und Leistungsfähigkeit zu verbessern bzw. zu stabilisieren. Der Spitzensportler dagegen investiert einen großen Teil seiner

68

Steile Auffahrten am Berg stellen sehr intensive Belastungen dar.

Trainingszeit in diesen Bereich, um die (hoch)intensiven Trainings- und Wettkampfbelastungen besser wegstecken zu können.

Die Ausdauer ist damit für Fahrerinnen und Fahrer aller Leistungskategorien der wichtigste Konditionsfaktor. An ihm sollte am zeitaufwendigsten gearbeitet werden.

Ausdauertraining mit dem Mountainbike

Langsame bis schnelle Ausfahrten mit den »breiten Stollen« sind die natürlichsten und Bike-spezifischsten Bewegungsformen und Belastungsreize. Die Kombination der vier Konditionsfaktoren Ausdauer, Kraft, Beweglichkeit und Koordination mit der Bewegung in der freien Natur macht das Mountainbiken zu einem speziellen Erlebnis. Ob allein oder in der Gruppe, mit dem richtigen Material und einer guten Fahrtechnik ist das Biken sehr vielseitig und macht rundherum Spaß! Eine gewisse Erfahrung, ein ausgeprägtes Körpergefühl, eine gute Steuer- und Pedaliertechnik sind für eine optimale Dosierung des Ausdauertrainings und für die Einteilung der Trainingsbelastungen notwendig.

Ausdauertraining mit dem Straßenrad

Für viele Leute steht beim Mountainbiken das Naturerlebnis im Vordergrund. Bei Ausfahrten mit dem Rennrad ist es mehr die sportliche Leistung. Fahrer mit sehr guter Fahrtechnik, die zielorientiert und sehr umfangreich trainieren, absolvieren einen großen Teil ihres Trainings auf dem Straßenrad. Die meisten Weltklasse-Mountainbiker sind sehr oft auf dem Straßenrad anzutreffen. Vor allem die überlangen und langsamen oder die erholungsfördernden Ausfahrten werden häufig auf der Straße durchgeführt. Dort sind die Trainingsbelastungen gleichmäßig und einfach zu dosieren.

Die Schwächen und Stärken sind aber bei jedem Fahrer anders verteilt, darum sollte man sich nicht mit anderen Athleten vergleichen und deren Trainingspraktiken verallgemeinern. Es gibt viele gute Mountainbiker, die z. B. aus Motivationsgründen oder anderen Überzeugungen nur auf dem Mountainbike trainieren und auch erfolgreich sind.

Kraft

Krafttraining

Neben einer guten Ausdauerfähigkeit kommt beim Mountainbiken der Kraft ein hoher Stellenwert zu. Richtiges Krafttraining bewirkt einige interessante muskuläre Veränderungen. Nur mit einem guten Kraftausdauerniveau können kurze oder lange Bergauffahrten möglichst kraftsparend bewältigt werden. Eine gute Kraftausdauerfähigkeit der »radspezifischen Muskelschlinge« (Gesäß- und Hüftmusku-

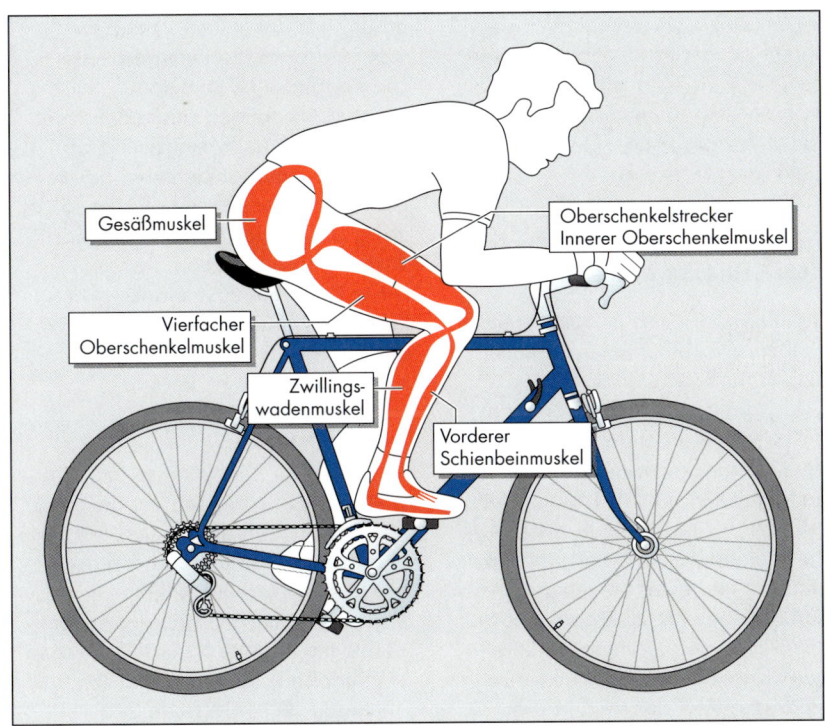

Gesäßmuskel

Oberschenkelstrecker
Innerer Oberschenkelmuskel

Vierfacher
Oberschenkelmuskel

Zwillings-
wadenmuskel

Vorderer
Schienbeinmuskel

Durch die beim Mountainbiken im Vergleich zum Straßenradsport aufrechtere Sitzposition werden neben der dargestellten radspezifischen Muskelschlinge auch die Oberkörper- und die Oberarmmuskulatur stärker beansprucht; dazu gehören die Schulter- und Schulterblattstabilisatoren, die Stützmuskulatur des Rückens und die schräge Bauchmuskulatur.

latur, Ober- und Unterschenkelmuskulatur, siehe oben stehende Grafik) ist besonders wichtig. Ausdauertraining führt zu einem Absinken der arbeitenden Proteine in den Muskelfasern, während regelmäßiges Krafttraining zu einem Abschwächen der Ausdauerfähigkeit führt.

Man unterscheidet zwischen spezifischem und unspezifischem Krafttraining. Beim spezifischen Krafttraining sind die Bewegungen ähnlich oder gleich der Wettkampfdisziplin. Beim unspezifischen Krafttraining unterscheiden sich die Bewegungsabläufe von denjenigen im Wettkampf. Allge-

mein gilt es als sinnvoll, sowohl spezifisches als auch unspezifisches Krafttraining in den Trainingsplan aufzunehmen. Je näher die Wettkampfsaison rückt, desto größer sollte der Anteil des spezifischen Krafttrainings sein.

Die Muskulatur spielt beim Radfahrer, vor allem unter Höchstbelastung, auch eine wichtige Rolle in der Verletzungsvorbeugung. Ein stabiles und gut funktionierendes Muskelkorsett schützt vor allem den unteren Rücken vor Überlastungen und hilft, Haltungsschäden vorzubeugen.

Um die Beinmuskulatur optimal einsetzen zu können, muss auch der Rumpf ausreichend stabilisiert werden. Sehr viele Rennfahrer klagen während der Rennsaison über Rückenbeschwerden. Das muss nicht sein.

Spezifisches Krafttraining: Krafttraining auf dem Rad

Das Bergauffahren im Sattel, mit größtmöglicher Übersetzung und extrem niedrigen Umdrehungszahlen (mindestens 50, höchstens 70 U/Min.), dient der Verbesserung der Kraftausdauer und der Bewegungsschulung. Beim Training mit erhöhten Widerständen, die ca. 80 % der maximalen Kraft entsprechen, kommt es zu einer Rekrutierung von vorhandenen Muskelfasern, die unter normalen Trainingsbedingungen »arbeitslos« sind, weil sie bei niedrigeren Widerständen nicht benötigt werden. Zudem kann das bewusste Einsetzen der einzelnen Teile der Muskelschlinge gut geübt werden (evtl. sogar einbeinig). Die Verschiedenheiten der beiden Körperhälften und die deshalb meist einseitigen Kraftübertragungen werden oft erst bei solchen Übungen bemerkt. Dieses Krafttraining kann als eigenständige Trainingseinheit nach umfangreichem Einfahren gestaltet oder bei Ausdauertrainingseinheiten in hügeligem Gelände mit einbezogen werden. Im Besonderen ist darauf zu achten, dass der Oberkörper locker bleibt, denn die Kraftleistung

erfolgt aus der Hüfte, welche fortwährend stabilisiert werden muss. Die Zugphase ist zu betonen, ruckartige Bewegungen sind zu vermeiden. Eine hohe Konzentration ist dabei Grundvoraussetzung. Beim geringsten Anzeichen von Überlastung (z. B. Knieschmerzen) ist das Training sofort abzubrechen. Diese Krafttrainingsvariante ist nur für fortgeschrittene Fahrer geeignet und bei Bandscheibenproblemen nicht zu empfehlen.

Trainingsbeispiele:
1. 1 x 20 Min.: langsames und kontrolliertes Pedalieren auf gleichmäßig ansteigendem und gut befahrbarem Untergrund, Intensität niedrig, Intensitätsstufe 2–3
2. 2 x 10 Min.: größtmögliche Übersetzung bei ca. 60 U/Min., Pause mindestens 10 Min., Intensität niedrig, Intensitätsstufe 2–3
3. Passfahrten, wechselnd im Sattel und stehend, Intensität abhängig von Trainingszustand und Trainingsetappe

Unspezifisches Krafttraining: Krafttraining an Geräten

Der Kraftraum und das Fitnesscenter sind moderne und soziale Begegnungsstätten für Sporttreibende. Sie bieten ein gutes Umfeld und eine perfekte, zeitfreundliche Infrastruktur. Alle Angebote finden sich unter einem Dach und führen, zusammen mit dem finanziell geleisteten Einsatz, zu einer gewissen Regelmäßigkeit, die beim Krafttraining zu Hause meistens fehlt. Die einzelnen Krafttrainingsgeräte entsprechen häufig dem neuesten sportwissenschaftlichen Stand und sind nach einer guten Einführung durch fachkundiges Personal sicher und einfach zu bedienen. Es lassen sich abwechslungsreiche Programme aus für den Radsportler hilfreichen Übungen zusammenstellen. Dabei darf nicht vergessen werden, dass das Krafttraining als Ganzes betrachtet werden muss und die einzelnen Übungen und Muskulaturen sich gegenseitig ergänzen.

Krafttraining mit einfachen Hilfsmitteln zu Hause

Zu Hause lassen sich vor allem wirksame Übungen mit dem eigenen Körpergewicht absolvieren; der Vorteil dabei ist der geringe Platzbedarf und der um einiges niedrigere Zeitaufwand.
Die Heimvariante erfordert manchmal ein große Portion Überwindung und Konsequenz. Die Regelmäßigkeit ist aber sehr wichtig. Am besten wird ein kurzes Krafttraining (ca. 15 Min.) vor oder nach dem eigentlichen Training fest eingeplant. Übungsbeispiele finden Sie im Anhang auf S. 126.

Krafttraining mittels anderer Sportarten

Motivation und Regelmäßigkeit spielen auch im Krafttraining eine wichtige Rolle. Deshalb sollte man das Training seinem Naturell anpassen.

Dem polysportiven Typ ist der Kraftraum oft ein Greuel. Mit alternativen und ergänzenden Trainingsmöglichkeiten wie Inline-Skating, Berglaufen, Tiefwasserlaufen, Skilanglauf etc. kann auch er ein spezielles Krafttraining absolvieren (siehe Kapitel »Cross-Training«, S. 87 ff.).

Stehendes Fahren entlastet die Oberschenkelmuskulatur zumindest kurzfristig.

73

Fahrtechnik und Koordination

Wussten Sie, dass mit über 70 % der Mountainbikes auf Asphaltstraßen gefahren wird? Die Mountainbikes mit ihren speziellen Rahmengeometrien, der 24-Gang-Schaltung und den breiten Reifen wurden aber für den Einsatz fernab vom Straßenverkehr konstruiert. Mit der richtigen Fahrtechnik ist das Mountainbiken im Gelände ein besonderes Vergnügen und macht noch mehr Spaß.

Eine gute Fahrtechnik ist vor allem für den fortgeschrittenen Fahrer bei technisch anspruchsvollen Trainings- und Wettkampfstrecken ein absolutes Muss. Der beste »Motor« und die kräftigsten Beine nützen wenig, wenn – vor allem in der zweiten Streckenhälfte – zeitraubende Fahrfehler auftreten und nicht wieder gutzumachende Rückstände entstehen. Die Fahrtechnik ist deshalb ein wichtiger, aber meist viel zu wenig ernst genommener Leistungsfaktor. In der Planung des Mountainbike-Trainings sollte der Entwicklung einer guten und sicheren Fahrtechnik viel Platz eingeräumt werden. Sie sollte besonders in den Wintermonaten und während der Aufbauphase verbessert werden. Neueinsteiger und Überläufer aus anderen Sportarten erkennen die Vorteile von gut entwickelten technischen Fertigkeiten häufig erst, wenn es zu spät ist.

In der Hauptsaison werden die Trainingsschwerpunkte bei den wettkampfvorbereitenden Maßnahmen gesetzt. Daher bleibt in dieser Periode nur noch wenig Zeit für andere Trainingsinhalte. Fahrer und Fahrerinnen, die auf technisch schwierig zu befahrenden Mountainbike-Strecken fahren oder an technisch anspruchsvollen Wettkämpfen teilnehmen möchten, sollten in diesem Bereich schon möglichst früh mit dem Training beginnen. Der Zeitaufwand für das fahrtechnische Training schlägt sich später in beachtlichen Zeitgewinnen beim übrigen Training nieder. Eine gute Fahrtechnik kann dem konditionell schwächeren Fahrer sogar helfen, seine Nachteile gegenüber dem organisch besser vorbereiteten Fahrer ein wenig auszugleichen.

Wie jede andere Trainingsart muss auch das Techniktraining auf das Können des Einzelnen abgestimmt und im Schwierigkeitsgrad langsam gesteigert werden. Ein Mountainbikespezifisches Techniktraining kann von einfachen Übungen wie Vorderradbremsen, Überfahren kleiner Hindernisse, Hinunterfahren einzelner Treppenstufen, Stillstandsversuchen bis zum Hinterradfahren alles beinhalten.

Jeder ambitionierte Mountainbiker sollte zumindest einen kleinen »Trick« beherrschen. Die intensive Auseinandersetzung mit den Fahreigenschaften des Bikes und den persönlichen Fertigkeiten ist selbst bei einer einfachen Technikübung Grundvoraussetzung für ihr Gelingen. Bei technisch

schwächeren Fahrern können die einfachsten Übungen bereits frappante Auswirkungen auf den gesamten Fahrstil haben.
Stürze verlaufen zwar meist harmlos, aber auch sie müssen gelernt sein. Selbst der Spitzenfahrer ist gegen Stürze nicht gefeit, denn um seine Fahrtechnik ständig zu verbessern, fährt er im Gelände oft am Limit.

Vorderradkontrolle

Einer der häufigsten Fehler bei Ungeübten und beim Fahren auf anspruchsvoller Unterlage ist die ungenügende Vorderradkontrolle. Anstatt in kritischen Fahrsituationen locker zu bleiben, kontrollierten Körperdruck auf das Vorderrad zu geben und das Bike laufen zu lassen, gerät man in Panik, verspannt sich im Oberkörperbereich und zieht den Lenker nach hinten – und schon ist der Sturz passiert!

Vorderrad-Bremstechnik

Eine gute Technik mit der Vorderbremse hat den Vorteil, dass man in den Abfahrten schneller ist. Die Wirkung der vorderen Bremse ist wesentlich größer als die der hinteren. Das Bremsmanöver kann deshalb vor einer Kurve später eingeleitet und die Höchstgeschwindigkeit länger aufrechterhalten werden. Eine gute Übung, um mit der Vorderbremse besser umgehen zu lernen, ist das Abfahren mit gelöster Hinterradbremse.

Gangwahl, Übersetzung

Versuchen Sie nicht, mit einer zu hohen, d.h. zu strengen Übersetzung zu fahren. »Dicke« Gänge belasten die Knie stark und können zu Überlastungsbeschwerden und Muskelverspannungen führen. Verwenden Sie kleinere Gänge, damit Sie schnell und rhythmisch treten können.
Die optimale Umdrehungzahl ist sehr individuell und abhängig von mehreren Faktoren. Wir empfehlen Ihnen Trittfrequenzen, die im Bereich zwischen 80 und 90 Umdrehungen pro Minute liegen.

Steile Abfahrten erfordern routinierte Bremstechnik.

75

Falsch: Das Vorderrad hebt bei steilen Anstiegen vom Boden ab.

Richtig: Durch Verlagern des Körpergewichts nach vorn und Sitzen nur noch auf der Sattelspitze bleibt das Vorderrad am Boden.

Indem Sie aus dem Sattel gehen und im Stehen fahren, belasten und trainieren Sie andere Muskelgruppen als im Sitzen.

Fahrtechnik in Bildern und Stichworten

Single Track

- Locker bleiben.
- Bike »laufen lassen«.
- Übersetzung dem Gelände anpassen (relativ hohe Trittfrequenz).
- Vorausschauen.

Hindernisse und kurze Anstiege

- Vorausschauen.
- Übersetzung anpassen.

Uphill

- Hinterradhaftung optimieren.
- Vorderradkontrolle: Ellenbogen nach unten drücken.
- Kräfte gut einteilen.
- Konzentriert atmen.

Uphill, stehend

Die Technik beim stehenden Bergfahren besteht nicht nur aus Gewichtsverlagerung, wie häufig praktiziert, sondern ist eine Kombination von Beinstreckung (vorderer Oberschenkelmuskel), Gewichtsverlagerung und Armzug am Lenker.

77

Oben: Mit angewinkelten Armen lassen sich die Schläge bei der Abfahrt abfedern.

Downhill

● Arme und Beine als Federelemente benützen und locker bleiben.
● Körperschwerpunkt je nach Steilheitsgrad nach hinten verlagern.
● Vorausschauend fahren.
● Geschwindigkeit den Verhältnissen und dem eigenen Fahrkönnen anpassen.

Rechts: Beim Abfahren ist nicht nur unmittelbares, sondern weites Vorausschauen wichtig.

Verlagern Sie bei Abfahrten den Körperschwerpunkt nach hinten, indem Sie das Gesäß hinter den Sattel schieben.

und Geübte zusammengestellt. Wichtig: Planen Sie solche Übungen zur Verbesserung Ihrer Fahrtechnik regelmäßig in den Trainingsablauf ein. Den Schwierigkeitsgrad können Sie dann langsam anpassen und steigern.

Hüpfen auf der Stelle

Locker auf der Stelle hüpfen ist eine sehr gute und wirksame Gleichgewichts- und Technikübung für Einsteiger. Die Bremsen werden dabei blockiert und beide Räder verlassen und berühren gleichzeitig den Boden. Schwieriger: Kreishüpfen mit angezogener Vorderradbremse, ohne das Vorderrad anzuheben.

Richtiges Kurvenfahren bringt Sicherheit: In schnellen Kurven ist ein gleichmäßig gefahrener Radius wichtig. In der Kurve ist das Bremsen mit der Vorderradbremse zu vermeiden und die Hinterradbremse nur ganz dosiert zu verwenden.

Hüpfen auf der Stelle verbessert das Gleichgewichtsgefühl.

Kurvenfahren

- Vorderradkontrolle: Gewicht nach vorn verlagern.
- Äußeres Pedal nach unten drücken.
- Inneres Pedal hochziehen.
- Vorausschauend fahren.

Techniktraining: Praktische Übungen

Im Folgenden sind einige konkrete Fahrtechnikübungen für Einsteiger

Mit dem Vorderrad wird auf einem Hindernis gehüpft.

Bei Stillstandsversuchen gilt es, die Balance zu halten.

Auf einem Hindernis hüpfen

Mit erhöhtem Vorderrad (Bordstein-
kante, Stein etc.) wird auf dem Hinterrad gehüpft. Je höher das Hindernis ist, desto mehr wird das Gewicht
nach vorn verlagert.

Stillstandsversuche

Stillstandsversuche auf einem markier-
tem Feld eignen sich gut zum Aufwärmen oder als Spiel.

Hindernisse überwinden: überfahren

Das Überfahren von mittleren bis
hohen Hindernissen (z. B. Baumstäm-
men) ist hauptsächlich eine Frage
des »Timings« und der Gewichtsverlagerung. Kurz vor dem Hindernis
wird das Vorderrad angehoben,
das Gewicht schnell nach vorn verschoben und das Hinterrad nach-
gezogen.

Die Bildreihe
zeigt von oben
nach unten die
Bewegungs-
abfolge beim
Überfahren
eines Hinder-
nisses.

Von oben links nach unten rechts: Überspringen eines Hindernisses

Hindernisse überwinden: überspringen

Kleine Hindernisse können mit geringem Kraftaufwand und ungebremst übersprungen werden. »Hüpfen auf der Stelle« ist dafür eine ideale Vorbereitung.

Schnelligkeit

Mountainbiken im Wettkampf hat den Charakter eines fahrtechnisch schwierigen Zeitfahrens, bei dem der Organismus über längere Zeit und möglichst gleichmäßig außerordentlichen Maximalbelastungen standhalten muss.

Der Schnelligkeit kommt daher eine eher untergeordnete Bedeutung zu. Vor allem für den nicht leistungsorientierten Radsportler ist die Schnelligkeit kein leistungsbestimmender Faktor. Für den Wettkämpfer ist aber eine gute Schnelligkeit in den Mountainbike-typischen Beschleunigungsphasen von Vorteil.

Trainingsmethoden

Langzeitausdauer- und Ausdauertraining

Beides wird auch im Mountainbike-Sport mit der Dauermethode trainiert. Das Langzeitausdauertraining ist eine spezielle Variante des Ausdauertrainings. Vor allem in der Periode der Stärkung der Grundlagenausdauer wird dieses Trainingsmittel häufig und regelmäßig eingesetzt. Charakteristisch für das Langzeitausdauertraining ist eine geringe Intensität und eine hohe Trainingsdauer. Das Langzeitausdauertraining ist zeitaufwendig und wird deshalb oft an Wochenenden eingeplant. Für Mountainbiker werden in dieser Trainingssystematik langsame Ausfahrten zwischen 2 und 6 Stunden Dauer als Langzeitausdauer-Trainingseinheiten bezeichnet. Sie können auch mit anderen Trainingsmitteln (etwa Skilanglauf, Inline-Skating) abgedeckt werden. Lockere Trainingsfahrten von bis zu 2 Stunden Dauer mit ein wenig höherer Intensität werden als Ausdauertraining gewertet.

Intervalltraining

Intervalle sind wiederholte Belastungen von 1–10 Minuten Dauer und von hoher Intensität. Intervalltraining fördert die Fähigkeit des Körpers, Sauerstoff während kurzer Abschnitte ziemlich intensiver Belastung zu den Muskelzellen zu transportieren, bevor sich zu viel Milchsäure bildet (Intensitätsstufe 4). Ein regelmäßig durchgeführtes Intervalltraining in flachem sowie hügeligem Gelände ermöglicht, ein subjektives Gefühl für die »Schwelle« auszubilden und diese anzuheben. Der Fahrer lernt, in einem hohen Intensitätsbereich zu trainieren, ohne jedoch die Kontrolle über die Körperfunktionen zu verlieren und den aeroben Zielbereich zu verlassen. Solche harten Trainingseinheiten führen zu einem deutlichen Anstieg der anaeroben Schwelle, wenn die Belastungsintensität von 75 % des Maximaleinsatzes nicht regelmäßig überschritten wird.

Will man die persönliche Bestleistung verbessern, ist es sinnvoll, ein auf den Gesamtumfang abgestimmtes Intervalltraining in den wöchentlichen Trainingsplan aufzunehmen.

Schwellentraining

Das Schwellentraining dient hauptsächlich dazu, die »Warnzone« des Körpers, die sogenannte anaerobe Schwelle, heraufzusetzen. Eine hohe anaerobe Schwelle ermöglicht dem Athleten das Fahren bei nahezu maximaler Intensität, bevor die aufgrund des Milchsäureanstiegs einsetzende Ermüdung die Leistungsfähigkeit begrenzt. Die Geschwindigkeit bei diesem Training liegt immer leicht unter der Wettkampfgeschwindigkeit. Die zweite Hälfte der Trainingsstrecke sollte also möglichst gleich schnell zurückgelegt werden können. Die Intensität der Trainingseinheiten entspricht ungefähr 81–90 % der MHF.

Tempotraining

Faszination der Geschwindigkeit

Das Tempotraining ist eine intensive Trainingseinheit von 10–45 Minuten Dauer im Schwellenbereich. Es wird mit Pausen bis zur vollständigen Erholung durchgeführt.

> **Trainingsbeispiel:**
> 1. 2 x 15–20 Min., Intensitätsstufe 4
> 2. 1 x 45 Min., Intensitätsstufe 4

Schwellenintervall-training

Schwellenintervalle haben eine Belastungszeit von 5–10 Minuten mit 4–10 Wiederholungen. Wegen der kurzen Pausen (1 Minute und weniger) und den verhältnismäßig langen Belastungsphasen sind die

Geschwindigkeit und die Intensität der Schwellenintervalle ein wenig geringer als bei normalen Intervallen.

> **Trainingsbeispiel:**
> 1. 4 x 10 Min., Intensitätsstufe 4, 1 Min. Pause
> 2. 8 x 5 Min., Intensitätsstufe 4, ½ Min. Pause

Wettkampftraining

Das Wettkampftraining ist zur Überprüfung des aktuellen Trainingsstands sehr gut geeignet. Während der Grundlagenetappen, der Intensitätsetappe, der Etappe der Topform und unmittelbar vor der Wettkampfperiode sollten einige Wettkampfeinheiten eingeplant werden. Dazu eignen sich das Tempotraining, das Schwellentraining und organisierte Wettkämpfe. Sie tragen zur Aufrechterhaltung der Motivation bei und ermöglichen u. a. Verbesserungen bei Technik, Ausrüstung und Taktik. Hierbei sollte der Unterschied zwischen der maximalen und der momentan möglichen Belastung erkannt werden.

Der aktuelle Leistungsstand bedingt einen systematischen Aufbau für die anstehenden Höchstbelastungen. Der maximale physische und psychische Einsatz kann immer noch gesteigert werden und wird erst zu einem späteren Zeitpunkt, in der Wettkampfperiode, verlangt. Diese Art von Kontrollbelastung eignet sich außerdem zur Überprüfung von materialtechnischen Faktoren wie Reifenprofilen, Luftdruck und körpergerechten Abstimmungen am Mountainbike. Weiterhin erfolgen Tests bezüglich Wettkampfverpflegung, Konzentrations- und Belastungsfähigkeit und Fahrtechnik unter erschwerten Bedingungen.

Rollentraining

Das Rollentraining wird vor allem von Quer-, Bahn- und Straßenfahrern als intensives Trainingsmittel eingesetzt. Beim Training auf der Rolle können hohe Anforderungen an Schnelligkeit, Schnellkraft und Stehvermögen gestellt werden. Es eignet sich gut als »Schlechtwettertraining«. Vor Langeweile schützt man sich am besten mit einer Trainingseinteilung nach dem Intervallprinzip.

> **Trainingsbeispiel »Stehvermögen«:**
> - 15 Min. Warmfahren, Steigerungsbelastung
> - 5 Min. im fünftgrößten Gang
> - 4 Min. im viertgrößten Gang
> - 3 Min. im drittgrößten Gang
> - 2 Min. im zweitgrößten Gang
> - 1 Min. im größten Gang
> - 5 Min. leichtes Pedalieren zur aktiven Erholung
> - evtl. Wiederholung der Steigerungsbelastung oder 10 Min. lockeres Ausfahren

Schwieriges
Gelände erfor-
dert hohe
Konzentration
und schnelle
Reaktion.

Die Belastungen sollten ohne großen Krafteinsatz (geringer Rollenwider-stand) locker und mit voller Konzentration gefahren werden. Ähnliche »Souplesse-Übungen« können auch innerhalb eines Ausdauertrainings auf nicht zu steil abfallenden Straßenstücken absolviert werden.

> **Trainingsbeispiel »Souplesse«:**
> - 15–30 Min. Einfahren
> - 3–8 Belastungen von ca. 30 Sek. Dauer mit maximaler Trittfrequenz (mindestens 100 U/Min.), Pausenlänge nach Gefühl

Konzentrations-übungen

Zur Verbesserung der Konzentrationsfähigkeit eignen sich unter anderem spezielle Übungen, wie man sie aus verschiedenen Meditationstechniken (autogenes Training, Tai Chi, Yoga etc.) kennt. Eine leicht anwendbare und wirksame Konzentrationsübung ist jedoch auch das Training auf dem Mountainbike! Nehmen Sie sich doch einfach einmal vor, die geplante Trainingseinheit mit absoluter Konzentration zu absolvieren – d. h., den Kopf hundertprozentig bei der Sache zu haben. No Daydreaming! Sie werden schnell merken, wie anspruchsvoll das für das Konzentrationsvermögen sein kann.

Für solche Konzentrationsübungen eignet sich besonders das Training der Intensitätsstufe 4, Krafttraining auf dem Rad oder Fahrtechniktraining.

Cross-Training

Monotonie ist für viele der Hauptgrund, ein Trainingprogramm wieder abzubrechen. Wer tagtäglich in derselben Intensität und Dauer trainiert und die Trainingsart nicht variiert, verliert früher oder später die Motivation oder bekommt sogar Verletzungsprobleme.

Der Begriff Cross-Training ist gleichbedeutend mit sportlichem Training in zwei oder mehreren Sportarten. Beim Cross-Training oder polysportiven Training geht es hauptsächlich darum, möglichst vielseitig, lustbetont und den Verhältnissen angepasst zu trainieren. Auf diese Art und Weise lässt sich die allgemeine Fitness oft wirksamer verbessern als mit nur einer Sportart (z. B. Biking für die Beinmuskulatur und Schwimmen für die Oberkörpermuskulatur).

Ob Sie Ihr Gewicht kontrollieren und mit Sport zusätzliche Kalorien verbrennen möchten, ob Sie relativ leistungsorientiert trainieren und den wöchentlichen Trainingsumfang steigern möchten oder ob Sie einfach aus Spaß an der Bewegung Sport treiben, das Cross-Training bietet für verschiedene Bedürfnisse eine Reihe von Vorteilen. Für Mountainbiker ist das Ausüben von Alternativsportarten eine ausgezeichnete Möglichkeit, um vielseitiger und, wenn wünschenswert, umfangreicher und öfter zu trainieren.

Für das Cross-Training unbedingt geeignet: Inline-Skating

87

Bringen Sie Abwechslung in Ihr Mountainbike-Training

In der Auswahl an Sportmöglichkeiten sind dabei fast keine Grenzen gesetzt. Das Angebot reicht von populären Sportarten (Joggen, Schwimmen, Radfahren etc.) über Trendsportarten (Inline-Skating, Aqua-Fit, Snowboarding etc.) bis zu Spiel- und Ballsportarten (Tennis, Squash, Fußball, Volleyball etc.). Auch das Krafttraining im Fitnesscenter oder zu Hause kann beim Crosstraining eine wichtig Rolle spielen. Ausdauersportarten, die konstante und rhythmische Bewegungen großer Muskelgruppen, vor allem der Arme und Beine, erfordern, sind dafür ideal. Ihrem Herz ist es letztendlich egal, auf welche Art Sie es trainieren – Hauptsache ist, dass es genug gefordert bzw. nicht überfordert wird.

Achten Sie darauf, dass die einzelnen Trainingseinheiten die Minimaldauer von 12 Minuten (Auf- und Abwärmen nicht eingeschlossen) übersteigen, denn nur so kommt es zu den gewünschten Anpassungsvorgängen in der Muskulatur. Doch auch wenn kürzeres Training die Muskulatur und das Herz-Kreislauf-System nicht genügend fordert: Um die Stimmung aufzuhellen und wieder neue Energie zu tanken, genügen auch schon wenige Minuten Bewegung an der frischen Luft oder im Wasser.

Auch sportlich aktive Personen sollten nur langsam mit der Ausübung von ungewohnten Sportarten beginnen. Eine zu großzügig gewählte Runde mit den neu gekauften Inline-Skates oder ein Tennisturnier unter Freunden kann die Muskulatur eines gut trainierten Läufers oder Radfahrers durchaus zum Schmerzen bringen. Regelmäßiges Training in einer Sportart bedeutet noch lange nicht, dass man auch in einer anderen voll einsteigen kann.

Wählen Sie abhängig von Zeit, Umgebung, Motivation und Ausrüstung die geeignete Sportart. Personen mit Konditions- und Gelenkproblemen oder Mountainbiker bevorzugen »sanfte« Sportarten wie z.B. Inline-Skating, Aqua-Fit, Skilanglauf, Walking. Bei ihnen muss das Körpergewicht nicht selbst oder nur ein Teil davon getragen werden und sie belasten Muskulatur und Gelenke nur in geringem Maß.

Was bringt Cross-Training dem Spezialisten?

Kann das Training in verschiedenen Sportarten helfen, die Leistungsfähigkeit in der Hauptsportart zu verbessern? Es gibt zahlreiche Untersuchungen über die Auswirkungen von Cross-Training auf das Leistungsvermögen von Sportlern in ihrer Spezialdisziplin. Dabei hat man festgestellt, dass vor allem das Training auf dem Rad für Laufsportler überraschend wirksam sein kann. Dabei spielt es keine Rolle, ob auf dem Mountainbike, Straßenrad oder Hometrainer

Rad- und Lauf-
training beein-
flussen sich
gegenseitig.

trainiert wird. Auch mit Treppenstei-
gen (auf dem Stair-Climber-Hometrai-
ner), Aerobic, Laufen im Wasser
(Aqua-Fit) und vor allem Krafttraining
wurden positive Ergebnisse erreicht.
Die Intensität war dabei wichtiger als
der zeitliche Umfang. Ob ein Läufer
mit Radtraining und ein Radfahrer mit
Lauftraining schneller oder langsamer
wird, kann nicht generell beantwortet
werden. Zusätzliche Faktoren wie
körperliche Voraussetzungen, Talent
und die Motivation spielen dabei
eine zusätzliche Rolle.
Als Rehabilitationstraining nach Verletzungen bzw. als Präventionstrai-
ning ist das Cross-Training sehr geeignet. Am Tag nach einem schweren
Training oder Wettkampf sollte immer
ein Erholungstraining folgen. Wassersportarten sind dafür sehr geeignet.
Wer Bestleistungen in seiner Spezialdisziplin erbringen möchte, kommt
allerdings in der unmittelbaren Sai-
sonvorbereitung um ein auf die
Hauptsportart bezogenes Leistungs-
training nicht herum.

**Die goldenen Regeln des
Cross-Trainings:**

- Nehmen Sie sich Zeit zum Sport-
treiben. Wer die Trainingszeit am
richtigen Ort sucht, der wird sie
sehr wahrscheinlich auch finden –
je nach Situation ein bisschen mehr
oder weniger. Manchmal reicht es
eben nicht für die geplante umfang-
reiche Trainingseinheit, dann bringt
ein kürzeres Training immer noch
viel mehr, als sich zu ärgern oder
gar nicht zu trainieren.
- Passen Sie das Training Ihrer Umgebung an. Warum im Sommer ins
Hallenbad gehen, wenn der nahe-
liegende See zum Schwimmen ein-
lädt? Trainieren Sie nicht allein,
wenn es in Ihrer unmittelbarer
Nähe ein organisiertes Gruppen-
training gibt. Machen Sie das Beste aus Ihrer Umgebung!
- Entstauben Sie das bestehende Material oder ergänzen Sie Ihre Ausrüstung. Neu erworbene, auf die persönlichen Bedürfnisse abgestimmten Sportartikel motivieren zum Ge-

89

Cross-Training

Mit etwas Phantasie lässt sich die Familie in eine sportliche Freizeitgestaltung mit einbeziehen.

brauch. Ungünstiges Material – Inline-Skates, die schlecht rollen, Schuhwerk, das nicht optimal sitzt – bedeutet Frust statt Lust. Gönnen Sie sich eine gut funktionierende Ausrüstung und lassen Sie sich im Fachgeschäft beraten.

- Schlagen Sie dem Zeitmangel ein Schnippchen. Trainieren Sie auf dem Arbeitsweg oder in der Mittagspause. Aus dem täglichen Arbeitsweg (oder einem Teil davon) lässt sich oft eine ausgezeichnete Trainingsstrecke machen. Ob Sportschuhe, Inline-Skates oder Bike: Die Fortbewegungsmittel sind vielseitig. Wenn im Büro keine Duschen vorhanden sind, eignet sich vor allem der Heimweg, um das Nötige mit dem Praktischen zu verbinden. Planen Sie mit gleichgesinnten Geschäftskollegen oder Freunden regelmäßiges Mittagstraining und essen Sie danach etwas Mitgebrachtes am Arbeitsort. Oder: Sportlich und schnell marschieren kann man zu jeder Tageszeit, auch wenn man das Mittagessen schon zu sich genommen hat.

- Bleiben Sie flexibel in der Trainingsgestaltung. Versuchen Sie sich dem Wetter und dem Klima anzupassen. Ärgern Sie sich nicht über die miserable Wetterprognose für die vorgesehene Rad- oder Inline-Skating-Tour. Aufgeschoben bedeutet auch im Sport nicht aufgehoben! Trainieren Sie stattdessen im Hallenbad oder im wettergeschützten Wald. Sicher können Sie auch dem Alternativtraining etwas Positives abgewinnen.

- Bleiben Sie auch auf Reisen fit. Unterwegs kann man immer etwas für Fitness und Wohlbefinden tun. Laufschuhe, Badehose und Schwimmbrille oder bei Platzproblemen nur ein praktisches Gummiband für das Krafttraining haben in jedem Gepäck Platz. Planen Sie voraus und packen Sie diese Dinge ein.

- Freizeitsport macht in der Gruppe doppelten Spaß. Versuchen Sie Ihre/n Partner/in, Kinder oder Freunde in Ihre sportliche Freizeitaktivitäten mit einzubeziehen. Wählen Sie Kombinationen von Sportarten, an denen auch andere teilnehmen können (z. B. Joggen oder Inline-Skating mit Begleitung auf dem Rad, zügige Wanderung zu zweit etc.)

- Machen Sie Aktivferien: Das Angebot war noch nie so groß und vielseitig. Während sportlicher Ferienwochen lernen Sie die Sportart(en) Ihrer Wahl kennen und machen neue Bekanntschaften mit Gleichgesinnten. Gut organisierte Aktivferien sind die beste Motivation für ein neues Sportprogramm!

Spezialdisziplin Downhill

Mountainbike-Abfahrer sind keine gescheiterten Cross-Country-Fahrer und auch keine rücksichtslosen Kamikaze-Piloten. In Bezug auf Fahrtechnik und Material sind die Downhiller absolute Spezialisten! Die Entwicklung zu einer eigenständigen Mountainbike-Disziplin begann wahrscheinlich 1989 mit der Aufhebung der Kombinationswertung. Durch die Weiterentwicklung des Materials konnte den speziellen Anforderungen immer mehr Rechnung getragen werden.
Das Leistungsniveau im materiellen und im sportlichen Bereich hat sich seit damals rasant und ungebremst gesteigert. Heute erfolgreiche Downhiller sind fast alle vom Motocross- oder vom BMX-Sport beeinflusst. Ein großer Teil der Downhiller sind Wettkampfsportler, denn für viele Freizeitfahrer ist der Zeit- und Materialaufwand zu hoch. Für die Hersteller ist der Downhill-Bereich ein willkommenes und ideales Entwicklungs- und Testgebiet. Die Absatzquoten für spezielle Downhill-Produkte sind zwar begrenzt, doch lassen sich die daraus gewonnen neuen Erkenntnisse mit entsprechenden Anpassungen eventuell auch auf das konventionelle Mountainbike umsetzen. Von Spezialisten kann man immer etwas lernen! Für den »normalen« Mountainbiker kann der Downhiller betreffend Fahrsicher-

heit und sorgfältiger Materialauswahl ein guter Lehrmeister sein. Der Materialverschleiß bei den Abfahrten ist sehr hoch. Nur eine perfekte Anpassung des Materials an die verschiedenen Streckenverhältnisse ermöglicht optimale Resultate. Downhiller sind deshalb oft Tüftler und Meister in Materialauslese und -pflege.

Das Downhill-Bike

Den Unterschied zwischen einem Downhill-Bike und einem konventionellen Mountainbike spürt man beim Daraufsetzen oder Probefahren sofort. Als erstes fällt einem die auf-

Downhill-Bikes weisen eine ausgefeilte Technik auf.

rechte Körperhaltung und die niedrige, nach hinten versetzte Sitzposition auf. Vollfederung gehört heutzutage zum Standard. Dank der zusätzlichen Hinterradfederung kann man auch beim Befahren von technisch schwierigen Streckenabschnitten im Sattel bleiben und sogar noch beschleunigen. Die besondere Rahmengeometrie (kurzes Oberrohr) ermöglicht bei der Fahrtechnik viel mehr Körpereinsatz. Geschwungene Cross-Lenker erhöhen das Sicherheitsgefühl und verhindern eine zu starkes Einsinken des Oberkörpers bei starkem Eintauchen der Federgabel.

Die richtige Materialauswahl und damit die individuelle mechanische Betreuung nimmt bei den Downhill-Rennfahrern einen immer wichtigeren Stellenwert ein. Die Entwicklungstendenzen zeigen in Richtung Motocross-Technik, unter Berücksichtigung der im Downhill erforderlichen Wendig- und Leichtigkeit.

Federung

Federgabel, gefederter Vorbau und Sattelstütze erhöhen den Fahrkomfort und die Sicherheit. Ein optimal gefedertes Rad (Federgabel und Hinterradfederung) erlaubt größere Fahrsicherheit, bessere Kontrolle und höhere Geschwindigkeiten. Viele Vollfederungssysteme stecken allerdings noch in der Entwicklungsphase und haben sich im Cross-Country-Bereich noch nicht durchsetzen können.

Bremsen

Bei geübten Abfahrern übernimmt die Vorderradbremse ca. 80% der Bremsarbeit. Die Bremsleistung ist dabei abhängig von Bremsenmodell, Gummimischung der Bremsklötze und Felgenbeschaffenheit. Bremsklötze und Felge bilden eine wichtige Einheit und sollten sorgfältig aufeinander abgestimmt werden. Vor allem im Downhill-Bereich werden vermehrt Scheibenbremsen eingesetzt.

Bereifung

Die richtige Reifenauswahl ist eine Wissenschaft für sich, denn an Vorder- und Hinterrad werden unterschiedliche Anforderungen gestellt. Man unterscheidet zwischen Führungs- (Längs-) und Brems- (Quer-)stollen. Den guten Vorderradreifen zeichnen gute Führ- und Bremseigenschaften aus, während von der hinteren Bereifung hauptsächlich ein guter Antrieb erwartet wird. Längsstollen verbessern die Laufeigenschaften, verschlechtern aber die Bremseigenschaften. Querstollen haben einen größeren Rollwiderstand, dafür bessere Bremsleistungen. Sie werden

Die Wahl der Bereifung hängt vom Einsatzbereich ab.

An die Brem-
sen werden
beim Moun-
tainbiken
höchste An-
forderungen
gestellt.

In der Start-
kabine eines
Downhill-
Rennens
wegen ihres »Selbstreinigungseffekts«
oft bei nassem und schwerem Terrain
eingesetzt.

Für Mountainbiker, die das Bike als
Freizeitgerät und Transportmittel
einsetzen, sind profilierte und schmä-
lere Reifen (z. B. 1,7 Zoll) empfehlenswert und ausreichend. Der richtige Luftdruck kann von 2,5–4,5 Bar
variieren und ist von Gelände, Gewicht des Fahrers und Fahrtechnik
abhängig.

Im Downhill werden gegen Durchschläge verstärkte Innenschläuche
und dicke Reifenwände eingesetzt.
Für Cross-Country-Wettkämpfe ist
diese Variation aus Gewichtsgründen
nicht zu empfehlen. Erfahrung und
Materialkenntnisse spielen bei der
richtigen Reifenwahl eine große
Rolle. Testläufe mit unterschiedlicher
Bereifung auf der Trainings- oder
Wettkampfstrecke helfen, diese Unterschiede herauszufinden.

Ausrüstung

Wie auch im Cross-Country müssen
es im Downhill nicht immer die teuer-
sten Komponenten sein! Wichtig sind
stabile Räder. Sie müssen enorme
Belastungen ertragen und sind einem
hohen Verschleiß ausgesetzt. Ganz-
körper-Schutzausrüstung sowie Inte-

94

gralhelm und Handschuhe sind nach Rennreglement obligatorisch und grundsätzlich empfehlenswert. Man sollte beim Kauf eines Mountainbikes keinen Zeitaufwand scheuen und sich in einem spezialisierten Bike-Shop beraten lassen.

Ausdauertraining für Downhiller

Im Downhill-Rennsport herrscht eine enorme Leistungsdichte, welche den Spezialisten zu einem ganzjährigen und zielorientierten Training zwingt. Eine solide Grundlagenausdauer als Baustein für alle anderen Konditionsfaktoren scheint deshalb auch für den Downhiller immer wichtiger zu werden. Ein unter Wettkampfbedingungen belasteter Organismus kann all seine Körperfunktionen (Konzentrationsfähigkeit, Kraft und Schnelligkeit) nur optimal erfüllen, wenn ihm dafür genügend Sauerstoff zur Verfügung gestellt wird.

Ausdauertraining mit niedriger Intensität, auf dem Mountainbike oder dem Straßenrad, verbessert das Sauerstofftransportsystem am wirksamsten.

Im Rennsport stehen die Damen den Herren in nichts mehr nach.

Frauensport Mountainbiken

Mountainbike-Rennsport der Frauen

Was die Gleichberechtigung der Geschlechter im Mountainbike-Rennsport betrifft, ist die Entwicklung in Amerika im Vergleich zu Europa weit fortgeschritten. Die Akzeptanz bei Publikum, Rennleitern und Sponsoren hat sich mittlerweile verbessert, was z. B. auch eine Angleichung der Preisgelder zur Folge hatte. Seit 1995 erhalten die drei Erstplazierten in beiden Kategorien dasselbe Preisgeld. Interessenvertretungen wie »Wombats« (Women's Mountain Bike and Tea Society) steuerten natürlich einen großen Beitrag zu dieser Entwicklung bei, und es bleibt zu hoffen, dass auch in Europa ähnliche Tendenzen auftreten.

Mountainbike-Freizeitsport der Frauen

Fast die Hälfte der in Amerika verkauften Bikes entfallen auf Konsumentinnen, und nur ein kleiner Teil von ihnen nimmt an Mountainbike-Rennen teil. Liegt es im Naturell der Frauen, dass das Interesse an Wettkämpfen so gering ist? Oder ist das Bedürfnis danach zwar vorhanden, aber nicht mit der vorherrschenden sozialen Rollenverteilung in Einklang zu bringen? Macht es für Frauen wenig Sinn, sich mit Konkurrentinnen zu messen, die ja sowieso alle ganz unterschiedliche körperliche und geistige Voraussetzungen haben, oder liegt es letztendlich sogar an einem Mangel an Selbstbewusstsein?

Die von Frauen am häufigsten aufgeführten Beweggründe, Sport zu treiben, sind Ablenkung, Fitness und vor allem soziale Aspekte wie das Gruppen- oder Familienerlebnis.

Das Mountainbike für die Frau

Ein Grund dafür, dass sich so wenige Frauen für Mountainbike-Rennen begeistern können, ist möglicherweise auch die Materialauswahl. Den speziellen körperlichen Gegebenheiten der Frauen (lange Beine, kurzer Oberkörper, geringes Gewicht) schenken die Hersteller nur wenig Beachtung. Für Mountainbikerinnen ist deshalb eine kompetente Beratung im Fachgeschäft besonders wichtig. Rahmen, Vorbauten, Lenkergriffe, Sattel und Bremsen müssen auf die speziellen Bedürfnisse der Frau abgestimmt werden.

Sitzbeschwerden

Sitzbeschwerden sind spezielle Begleiterscheinungen des Radfahrens, von der viele zu Beginn einer Saison

Frauen schätzen vor allem den Freizeitwert des Mountainbikens.

betroffen sind. Sitzbeschwerden verschwinden nach einer gewissen Anzahl und Regelmäßigkeit von Ausfahrten von selbst, wenn sich die Gesäßmuskulatur an die Belastung gewöhnt hat.

Tipps:
- spezielle Frauensättel und -hosen
- Hautcreme
- Vaseline

97

Die weibliche Leistungsfähigkeit

Ausdauer

Die Ausdauerfähigkeit liegt bei der Frau um etwa 10% unter der des Mannes. Das bedeutet jedoch nicht, dass die Frau weniger ausdauerbelastungsfähig ist, wie das bisher angenommen wurde. Denn für beide Geschlechter gilt gleichermaßen die Regel von der Harmonie der leistungbegrenzenden Systeme. Die Frau ist also im Rahmen ihrer niedriger liegenden maximalen Kapazität ebenso belastbar wie der Mann. Die größere Funktionskapazität in der Verwertung von freien Fettsäuren prädestiniert die Frau geradezu für lange und ultralange Strecken.

Kraft

Frauen sind den Männern in allen Krafteigenschaften deutlich unterlegen. Ihr Rückstand ist in der Maximalkraft am größten und in der Sprintkraft am geringsten. Unter Berücksichtigung des Körpergewichts reduziert sich die Maximalkraftdifferenz zwischen Frau und Mann auf durchschnittlich 20%.
Durch die stärkere Ausbildung des Fettgewebes bei der Frau entsteht ein ungünstigeres Last-Kraft-Verhältnis. Dieses zählt ebenso wie die unterschiedlichen Hebelverhältnisse und die hormonell bedingte geringere Ausprägung der Muskulatur zu den geschlechtsspezifischen Kraftdifferenzen.

Schnelligkeit

In der Schnelligkeit ist die Frau dem Mann unterlegen. Reaktionszeit und Bewegungsfrequenz sind jedoch vergleichbar. Unterschiedlich sind hier die kraftabhängigen Größen. Das bedeutet, dass die Schnelligkeit genauso wie die Kraft der Frau vor allem durch den geringeren Testosteronspiegel limitiert wird.

Beweglichkeit

Der weibliche Bänder- und Muskelapparat ist dank der geringeren Gewebedichte elastischer und dehnfähiger als der männliche. Dadurch verfügen Frauen in der Mehrzahl der Gelenke über eine größere Beweglichkeit. Diese wird durch eine bessere und schnellere Entspannungsfähigkeit des Muskels sowie durch die x-förmige Armstellung und die relativ längere Lendenwirbelsäule erhöht. Die ausgeprägte Beweglichkeit der Frau kommt ihr vor allem in Sportarten wie Gymnastik und Turnen zugute.

Koordinative Fähigkeiten

Insgesamt scheinen die koordinativen Fähigkeiten bei beiden Geschlechtern in gleicher Weise ausgeprägt zu sein. Dasselbe gilt auch für die Trainierbarkeit.

Jugendtraining

Ob im Einsatz als Fahrrad, als Transportmittel, Freizeit- oder Sportgerät: Mountainbiken steht bei den Jugendlichen hoch im Kurs. Biken ist »cool« und vielseitig. Auf dem Mountainbike entwickeln sich Kraft, Bewegungsgefühl und Ausdauer auf spielerische Art und Weise. Ob BMX, Downhill, Cross-Country, ob Leistungs- oder Gesundheitssport – das Mountainbiken ist eine gute Einstiegsmöglichkeit für jede Disziplin.

Rücksicht auf den jugendlichen Körper

Jugendliche sind keine Erwachsenen im Kleinformat! Es sollte immer beachtet werden, dass bei Jugendlichen – insbesondere bis zum Alter von 15 Jahren – die Unterschiede im biologischen Alter bis zu 7 Jahre (!) betragen können. Die Resultate in dieser Phase lassen somit nur sehr bedingt Rückschlüsse auf die sportlichen Aussichten im Aktivalter zu.

Die Strukturen des passiven Bewegungsapparates (Knochen, Knorpel, Sehnen und Bänder) weisen beim Jugendlichen noch nicht die Belastungsresistenz des erwachsenen Sportlers auf. Die Muskulatur des Kindes ist vom Aufbau her aber bereits nahezu identisch mit der des Erwachsenen. Unterschiede ergeben sich in der Zu-

Früh übt sich...

sammensetzung, und zwar in quantitativer Hinsicht.

Die muskuläre Kontraktion als Grundvoraussetzung jeder Bewegung wird vom Zentralnervensystem ausgelöst bzw. gesteuert. Die Entwicklung des Gehirns geht sehr schnell vor sich und ist mit 6 Jahren beinahe abgeschlossen. Dies unterstreicht die Wichtigkeit einer polysportiven Bewegungsschulung in den ersten Lebensjahren. Die Entwicklung der zentralen Nervenstrukturen kann mit den Elektroinstallationen in einem Haus verglichen werden. Je mehr Kabel und Anschlüsse vorhanden sind, desto mehr und vielseitigere Elektrogeräte können in Betrieb genommen werden. Beim Gehirn verhält es sich ähnlich, d. h., es kommt zu einer zunehmenden Vernetzung der einzelnen Faserverbindungen mit ihren Nervenzellen. Diese Verkabelung scheint nach 3–4 Jahren bereits abgeschlossen zu sein und ist im Wesentlichen für die spätere Funktionstüchtigkeit des Gehirns verantwortlich. Man geht heute

99

Durch kleine Wettfahrten lassen sich Kinder stark motivieren.

und Aufbauvorgänge während des Wachstums führen zu einem erhöhten Bedarf an Vitaminen, Mineral- und Nährstoffen, der dem eines Leistungssportlers entspricht. Besonders stark steigt auch der Eiweißbedarf.
Kommt es während des »Bauprozesses« zu einem zusätzlichen Verbrauch infolge allzu forcierten körperlichen Trainings, kann der Baustoffwechsel zu einer Einschränkung zugunsten des Betriebsstoffwechsels gezwungen werden. Mit anderen Worten: Das Wachstum wird beeinträchtigt und kommt unter Umständen sogar zum Stillstand. Auch im Mountainbike-Training besteht die Gefahr, dass den einzelnen Erholungsphasen nicht genügend Aufmerksamkeit geschenkt wird.

Reife durch Sport

Die geheimnisvolle Psyche des Kindes ist für viele Eltern und Trainer oft ein Buch mit sieben Siegeln. Der Jugendliche gibt sich selbst Rätsel auf. Dem Erwachsenen fällt es leichter, sich definitiv für eine Sache zu entscheiden. Der Jugendliche hingegen ist zwar begeisterungsfähiger, aber es fällt ihm schwerer, sich einem längerfristigen Ziel zu verschreiben. Dazu fehlen ihm häufig die langsam gereifte Erfahrung und die Konsequenz zur Durchsetzung getroffener Entscheidungen. Dem Heranwachsenden muß die Zeit gegeben werden, die er zur Festigung seiner Entschlusskraft braucht. Er darf in seiner Entschei-

davon aus, dass eine vielseitige Beanspruchung in dieser Entwicklungsphase die Vernetzung positiv beeinflussen kann. Unterbleiben solche Reize oder werden sie nicht in ausreichendem Maße geboten, kann sich die »Zentralanlage« nicht optimal entwickeln.

Der kindliche Stoffwechsel

Der Stoffwechsel bildet die Grundlage für alle Lebensvorgänge. Beim heranwachsenden Kind wird vor allem der Baustoffwechsel intensiv beansprucht. Die gehäuften Um-, Ein-

dungsfreiheit nicht eingeengt werden. Interessen können nur unterstützt, aber nicht beeinflusst werden. Durch Sport in der Gruppe oder allein werden menschliche Reifeprozesse wie Durchsetzungsvermögen, Selbstkontrolle, Geduld und Disziplin gefördert. Aber auch nicht leistungsorientierte Eigenschaften wie Körperbewusstsein, Bewegungsfreude, Kameradschaft, Selbständigkeit und »Fairplay« sind eng mit dem Sport verbunden. Auch im Leben kann man nicht immer nur gewinnen. Der Sport ist eine gute Möglichkeit, um den Stärkeren akzeptieren und seine eigenen Grenzen und Möglichkeiten besser einzuschätzen zu lernen. Mountainbiken ist eine natürliche Körpertherapie, »Druckventil« im Schulalltag und Sportmöglichkeit zugleich.

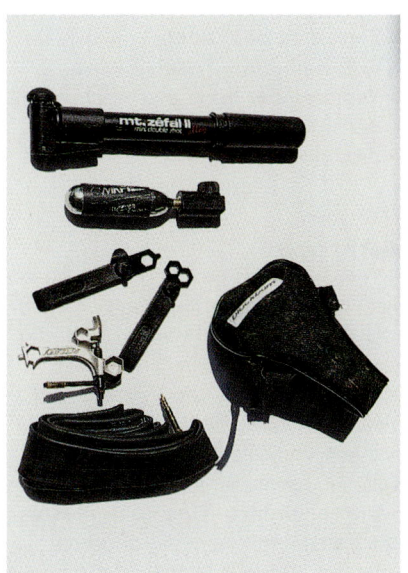

Materialpflege

Gutes und zuverlässig funktionierendes Material ist Grundvoraussetzung für Spaß und Sicherheit auf zwei Rädern. Jede Maschine funktioniert nur gut, wenn sie auch gut gepflegt wird. Das Auto wird regelmäßig gewartet, damit Unfälle und Unannehmlichkeiten vermieden werden können – das Gleiche gilt auch für das Mountainbike. Während des Waschens wird das ganze Bike jeweils genau auf Verschleiß, Korrosion oder gar Haarrisse im Rahmen geprüft. Risse können im Tretlagerbereich oder in der Gegend der Kettenstreben auftreten. Mit kleinem Zeitaufwand (ca. 10 Minuten) kann das Bike in Topform gebracht werden.

Expressservice

Der »Expressservice« ist kurz und einfach auszuführen. Er sollte vor allem nach Schlechtwetterfahrten bzw. regelmäßig nach einigen Trainingseinheiten auf dem Rad gemacht werden. Man benötigt dazu eine vorzugsweise langstielige Bürste (z. B. Abwaschbürste), einen Schwamm, Wasser, einen Schlauch, evtl. Shampoo sowie einen Lappen und Kettenöl. Ein leichtes Tuning, unmittelbar nach dem Training durchgeführt, hält das Bike fit und verlängert seine Lebensdauer. Allfälliger Materialverschleiß wird dabei frühzeitig erkannt. Feuchter

Luftpumpe, Ersatzschlauch und kleines Reparaturset sollten immer dabei sein.

101

Schmutz sollte gar nicht erst eintrocknen, sondern das Bike sollte unmittelbar nach der Fahrt mit Wasser abgespritzt werden. Hochdruckreiniger sind dafür ungeeignet, denn sie drücken Schmutzpartikel in Ritzen und Lager und entfernen Öl und Fett von wichtigen Stellen.

Der Expressservice umfasst:
- Rad mit leichtem Wasserstrahl aus Gartenschlauch vom gröbsten Schmutz befreien.
- Teile wie Schaltung, Bremsen, Umwerfer und Kette mit Entfetter (löst hartnäckigen Schmutz) besprühen.
- Rad mit Bürste und Waschmittel (reinigt mild) sorgfältig säubern. Vor allem Antrieb (Kettenblätter, Umwerfer und Kette) gründlich reinigen.
- Rad mit Wasserstrahl abwaschen.
- Ganzes Rad kurz mit einem Lappen abtrocknen.
- Alle Metallteile mit Pflegemittel (versiegelt und pflegt) einsprühen, etwas einwirken lassen.
- Mit einem Lappen das Rad gründlich trocknen (vor allem auch Bremsen und Schaltung). Kette zum Trocknen zwischen Lappen nehmen und Pedal rückwärts drehen.
- Kettenöl (fettet und schmiert) innen und außen auf die Kette geben (Pedal leicht drehen, damit das Öl in die beweglichen Teile eindringen kann). Überflüssiges Öl wieder von der Kette abziehen.
- Kriechöl (löst Schmutz und Korrosion an schwer zugänglichen Stellen) an die beweglichen Teile bei Schaltung, Umwerfer und Pedal geben.
- Räder, Steuersatz und Tretlager kontrollieren.

Totalservice

Der »Totalservice« wird meist nach längeren Zeitspannen durchgeführt (z. B. zum Saison- oder Jahresende) und erfolgt meist durch den erfahrenen Bike-Mechaniker eines Fahrradgeschäfts, in selteneren Fällen durch den Fahrer selbst.

Der Totalservice beinhaltet:
- Ersatz von Verschleißteilen wie Kette, Freilauf, Zahnkränze, Tretlager, Steuersatz, Kabel, Kabelhüllen und Reifen
- Zentrieren der Räder
- evtl. Tuning der Federsysteme
- Wartung der Bremsen, Nachstellen der Kabelzüge und Wechseln der Bremsklötze

Antrieb

Der Antrieb besteht aus Kette, Freilauf und Kettenblättern. Er wird abhängig von Fahr- und Schalttechnik sowie von den Gelände- und Wetterbedingungen belastet. Dabei ist er sehr großem Verschleiß ausgesetzt. Die Kette ist davon am meisten und zuallererst betroffen. Eine »ausgefahrene« Kette zieht auch alle anderen Teile des Antriebs in Mitleidenschaft.

Wenn nach häufigem Gebrauch die einzelnen Kettenglieder zu viel Spiel bekommen, entsteht eine erhöhte mechanische Reibung, und die hinteren und vorderen Kettenblätter werden langsam abgeschliffen. Eine neue Kette aufzuziehen nützt dann häufig wenig, denn sie wird auf den ausgefransten Zähnen nicht mehr greifen.

Eine nicht gerade feine, aber häufig praktizierte Methode ist das »Totfahren« des Antriebs. Fahrer, die nicht mit den Händen eines Bike-Mechanikers geboren sind, oder Biker, für die ein Besuch im Radgeschäft mit großem Zeitaufwand verbunden ist, fahren so lange mit dem alten Antrieb durchs Gelände, bis nichts mehr geht, und ersetzen alle Antriebskomponenten gleichzeitig.

Richtige Gangwahl, regelmäßige Kontrolle der Kettenhaftung und regelmäßige Reinigung und Schmierung der Kette reduzieren den Materialverschleiß beim Antrieb.

Defekte

Regelmäßige Materialkontrolle und eine gute Fahrtechnik können einen großen Teil von Defekten verhindern. Trotzdem treten sie immer wieder einmal auf. Etwa 80% aller Defekte während des Mountainbike-Trainings oder -Wettkampfs werden durch Durchschläge des Schlauches verursacht. Ist der Luftdruck gering und schlägt das Rad mit großer Wucht auf ein Hindernis auf, schlägt der Schlauch auf die Felge und die Schlauchwand kann verletzt werden. Dabei entstehen zwei kleine Löcher; deshalb werden Durchschläge auch »Schlangenbiss« genannt.

Utensilien wie Reserveschlauch, Flickzeug, Reifenhebel, Speichenschlüssel, Pumpe, Telefongeld und Notwerkzeug gehören mit auf jede Mountainbike-Tour. Praktische und handliche Multiwerkzeuge beinhalten 5- und 6-Millimeter-Inbus, Kettennieter, Schraubenzieher und Speichenschlüssel in einem. Mit etwas Übung und Geschick kann ein platter Reifen in weniger als 5 Minuten behoben werden.

So gehen Sie beim Beheben eines »Platten« vor:

1. Restluft vollständig entfernen. Eine Reifenwand mit Reifenheber oder von Hand über das Felgenbett ziehen. Den defekten Schlauch von der Felge nehmen.
2. Innenwand des Mantels auf spitze Gegenstände absuchen.
3. Reserveschlauch leicht aufpumpen. Das Ventil einfahren und gleichmäßig in den Mantel einlegen. Die Mantelwand von der Ventilöffnung ausgehend beidhändig über die Felgenwand stülpen.
4. Pump it up. Kontrolle. Voilà!

Der Reifen ist mit der Felge nicht fest verbunden und wandert beim Bremsen um die Felge. Ein wenig Talkum oder Babypuder an der inneren Reifenwand verhindert, dass der Schlauch mit dem Reifen verklebt und der Ventilsitz reißt.

103

Die verschiedenen Fahrradtypen

Heute bietet der Fahrradmarkt eine Vielzahl an Modellen und Typen an. Die Palette reicht vom Kinderfahrrad, BMX-Rad, Mountainbike, Citybike über Trekkingbike, Rennrad, Hollandrad bis zum Tandem. Damit es Liebe auf den ersten Tritt wird, sollte man sich bei der Frage nach dem richtigen Fahrrad zuerst überlegen, was man mit dem Fahrrad machen will. Der Trend zum Zweitrad ist mittlerweile unumstritten; viele wollen zum einen ein hochwertiges sportliches Fahrrad für die Freizeit, aber auch ein Fahrrad für den Alltag.

Verwendungszweck

Bevor Sie ein Fahrradgeschäft betreten, sollten Sie sich bereits im Klaren darüber sein, wo, wie und zu welchem Zweck Sie Rad fahren möchten. Dann können Sie den Fahrradtyp auf Ihre persönlichen Bedürfnisse abstimmen und auswählen. Bei den Mountainbikes unterscheidet man heute zwischen drei Gruppen: Mountainbikes für den Sportbereich (High-Tech-Bikes), den Freizeitbereich (Trail- und All-Terrain-Bikes) und den Nutzbereich (Citybikes). Eine Probefahrt mit verschiedenen Typen hilft entscheidend bei der Auswahl.

Größe

Wie die Bekleidung, so soll auch das Fahrrad auf Ihre Körpermaße abgestimmt sein, um eine optimale Leistung zu erreichen. Die Bein- und Oberkörperlänge bestimmen die Rahmenhöhe, die Schulterbreite die Breite des Lenkers, der Einsatzzweck den Typ des Fahrrads, den Laufraddurchmesser (Kinder 16–20 Zoll, Mountain- und Citybikes 26 Zoll, Trekkingbikes und Rennräder 27 Zoll), die Reifenwahl und die Komponenten.

Funktion

Der Rahmen ist das Herzstück Ihres Fahrrads: Je leichter der Rahmen, desto besser ist das Fahrgefühl. Achten Sie vor allem auf eine gute Funktion der Komponententeile, das sind die Bremsen und die Schaltung. Die Bremsen müssen selbst bei Nässe gut verzögern, die Schaltung sollte eine Index- oder Rasterschaltung sein. Die Kette muss sich hierbei problemlos mit Umwerfer und Schaltwerk von Ritzel zu Ritzel schalten lassen können.

Gewöhnungsbedürftig, aber sehr effektiv sind Klickpedale.

Kinder- und Jugendfahrrad

Leider noch sehr vernachlässigt und technisch von einer mittelmäßigen Qualität sind die Kinderfahrräder. Der Grund ist einfach: Da Kinder sowohl dem Fahrrad als auch der Bekleidung schnell entwachsen, steht dafür in der Familienkasse meist ein nur kleines Budget zur Verfügung. Doch die Forderung nach einem billigen Kinderfahrrad schlägt sich natürlich auch bei der Produktion nieder. Billiges und schweres Rahmenmaterial wird mit entsprechend billigen Komponenten bestückt. Insgesamt aber zählt hier die Robustheit mehr als gute Fahreigenschaften. Und Kinder haben gegenüber den verwöhnten Erwachsenen einen entscheidenden Vorteil: Ihnen geht es hauptsächlich um den Spaß.

Etwas besser ist die Situation bei den Jugendfahrrädern. Unübersehbar steht das Mountainbike Pate für die meisten Jugendmodelle, die zur Zeit am Markt sind. Aber auch Jugendbikes sind alles andere als Leichtgewichte, sie bringen trotz ihrer geringen Größe meist um die 13–15 kg auf die Waage.

An schwere Rahmen aus billigem Stahl werden 24-Zoll-Laufräder und preisgünstige Komponenten (entworfen für Erwachsene) montiert. Das hat zur Folge, dass Kinderhände und -beine oft genug ihre Not damit haben. Von perfekter Ergonomie sind Kinderbikes aufgrund der langen Kurbeln, Brems- und Schalthebel oft weit entfernt.

Immerhin profitieren Kinder von der enormen Entwicklung auf dem Komponentensektor: 21-Gang-Schaltungen sind mittlerweile auch an Kinderbikes Standard. Zwar gibt es auch einige semiprofessionelle Kinderbikes, deren Preis jedoch viele Käufer abschrecken dürfte. Da sich Eltern in diesem Fall selten für ein teures Modell entscheiden, sollte man wenigstens auf folgende Tipps achten:

- Wichtig ist, dass eine nicht zu große Rahmenhöhe gewählt wird. Das Kind sollte bequem über dem Rahmen stehen können, das Oberrohr sollte möglichst abfallen, eine Mitwachsreserve in der Auszugslänge der Sattelstütze und des Vorbaus enthalten sein.
- Das Oberrohr sollte nicht zu lang sein, damit das Kind eine bequeme Sitzposition vorfindet; zur Not kann man eine solche Position auch mit einem steilen Vorbau verbessern.
- Auch wenn das Kinderfahrrad nur ein Spielgerät ist – es sollte unbedingt verkehrssicher ausgestattet sein. Lichtanlage, Speichen- und Pedalreflektoren müssen auch an jedem Kinderbike vorhanden sein.

Rennrad

Der Klassiker unter den Fahrrädern erfreut sich unter Freizeitsportlern nach wie vor großer Beliebtheit, obwohl die Konkurrenz durch das universeller einsetzbare Mountainbike sehr groß geworden ist. Noch dazu ist es in den letzten Jahren durch den fortschreitenden Zuwachs an Automobilverkehr immer schwieriger geworden, die spezifischen Vorteile des Rennrades ungestört auszukosten.

Vor allem das Rennrad mit seinen dünnen Reifen, dem leichten Gewicht und der Kompaktheit der Fahrposition vermittelt das einzigarte Roll- und Gleitgefühl, das süchtig machen kann. Distanzen von 200 km und mehr an einem Stück sind mit etwas Training spielend zu bewältigen, was sich beim Fahrer auch in einem enormen Freiheitsgefühl niederschlägt.

Mit eigener Kraft über die Landschaft zu schweben, Geschwindigkeiten bis zu 90 km/h auszukosten – das fasziniert.

Faszinierend sind auch die technischen Fortschritte des Rennrades innerhalb der letzten zehn Jahre. Anfang der achtziger Jahre musste Rennradfahren noch »gelernt« werden. Der Ein- und Austieg bei Pedalhaken mit Riemen sowie das Schalten waren für Anfänger ein ziemliches Problem. Inzwischen sind Rennräder wesentlich konsumentenfreundlicher geworden. Technische Innovationen in der Fahrradbranche haben sowohl die Entwicklung des Rennrades als auch die des Mountainbikes wechselseitig beeinflusst. Zwar bleibt der Mensch immer noch der Motor, der das Rennrad antreibt und von dessen Fitness die Leistung abhängt, aber funktionelle Technik ist ebenfalls zum Erfolg notwendig.

Citybike

Selbst am Citybike, das ausschließlich für Stadtfahrten gedacht ist, sind heute viele Charakteristika eines Mountainbikes bemerkbar, wenn auch in stark reduzierter Form. Die Sportlichkeit ist zugunsten von Funktionalität im Stadtverkehr zurückgedrängt, Reifen und Schaltung sind nur mehr bedingt geländetauglich, das Gewicht ist aufgrund von Lichtanlage, Gepäckträger, Schutzblechen und massiveren Komponenten um etwa ein Viertel höher als bei »richtigen« Mountainbikes.

Dennoch finden heute viele Erkenntnisse der High-Tech-Mountainbikes auch am Citybike Anwendung. Der technologische Unterschied ist nicht mehr zweck-, sondern vielmehr modellgebunden. Das ideale Fahrrad für die Stadt ermöglicht eine relativ aufrechte Sitzposition; so hat man einen idealen Überblick über das Verkehrsgeschehen und wird selbst gut gesehen.

Trekkingbike

Trekkingbikes sind einfach die Weiterentwicklung des klassischen Sportrades, profilieren sich durch ausgereifte Mountainbike-Technik, unterscheiden sich jedoch von diesen durch den 27 Zoll großen Laufraddurchmesser und den längeren Radstand.

Das macht Trekkingbikes zwar nicht so wendig, dafür aber bei längeren

Fahrten gemütlicher, es ergibt sich ein besseres Rollgefühl als mit grobstolligen 26-Zoll-Laufrädern. Dazu kommt die universelle Einsatzmöglichkeit, der den Hybriden zwischen dem Rennrad und dem Mountainbike zu einem großen Käuferinteresse verholfen und enorme Zuwachsraten beschert hat.

Es ist der vernünftige, ausgeklügelte Kompromiss, der dem Trekkingbike zu so viel Erfolg verholfen hat. Je nach Ausstattung ist das Trekkingbike für Langstrecken, Ausflüge, im Gelände oder im Stadtverkehr verwendbar – Einsatzbereiche, für die ein Großteil der radelnden Bevölkerung eine ideale Lösung benötigen. Während bei der sportiven Version, die an das Mountainbike angelehnt ist, Licht, Schutzbleche und Gepäckträger fehlen, ist diese Ausrüstung wesentliches Merkmal der allgemein üblichen Trekkingversion. Die Vielzahl an Zubehör (Gepäckträger, Packtaschen, Kartenhalter) macht das Trekkingbike natürlich auch zu einem idealen Tourenrad.

liegt darin, auch mit einem schwächeren Radpartner gemeinsam große Strecken zurücklegen zu können.

Ideales Partnertraining auf dem Tandem

Tandem

Ein neuer Trend sind Tandems, auf denen man den Fahrspaß zu zweit geniessen kann. Strassen- und Mountainbike-Tandems finden immer mehr Anhänger im Freizeitbereich. Tandemfahren will natürlich gerlernt sei, es bedarf schon einiger Erfahrung, so ein Fahrrad zu lenken. Doch der Vorteil

Mountainbike

Rahmenform

Der Mountainbike-Rahmen machte eine stürmische Entwicklung durch. Innerhalb eines Jahrzehnts hat sich sein Design radikal verändert. Dafür sind drei Gründe verantwortlich: Erstens wurden anfangs Geometrie und Design eines »Steinzeitrades«, des Schwinn-Cruisers, übernommen; zweitens verlangen die Ansprüche einer Geländefahrt andere Konstruktionen; und drittens spiegelt innovatives

Rahmendesign die Dynamik der Szene wider. Auch wenn heute die Form des Diamantrahmens immer noch dominant ist, werden sich in Zukunft auch andere, abgewandelte Rahmenformen durchsetzen.

Rahmenmaterialien

Mehr als 90 % aller Fahrräder werden aus Stahlrahmen hergestellt. Dennoch sind neue Rahmenmaterialien unweigerlich im Vormarsch. So ist etwa die Verwendung von Aluminiumrohren sprunghaft angestiegen; Edelbikes werden aus Karbonfasern und Titan oder aus einer Mischung von beiden gefertigt. Der letzte Trend geht jedoch wieder zurück zum Stahl – namhafte Rohrproduzenten haben noch bessere, sehr leichte und dünnwandige Stahlrohre konstruiert, die nun ohne weiteres den Wettstreit mit Alu, Karbon und Titan aufnehmen können.

- Stahl: Meist wird Chrom-Molybdän-Stahlrohr, das nahtlos gezogen ist und in verschiedenen Wandstärken verarbeitet wird (zweifach- bzw. dreifach konfiziert), verwendet. Die Herstellung dieser Rohre ist mittlerweile ein hoch technisierter Bereich. Vorteile von Stahl sind die leichte Verarbeitung, die hohe Festigkeit, die Steifigkeit. Von Nachteil sind das Gewicht und die Korrosionsanfälligkeit. Ein weiteres Plus: Die Verarbeitung von Stahl ist die älteste und somit auch die zuverlässigste Methode des Rahmenbaus.
- Aluminium: Was für die Luftfahrtindustrie gut ist, sollte auch für das Fahrrad gelten. Aluminiumrahmen wurden seit Anfang der achtziger Jahre immer beliebter. Alu ist leicht, korrosionsbeständig, hat jedoch eine geringe Biegesteifigkeit. Deshalb zeichnet Alurahmen ein großer Rohrdurchmesser aus, ein Trick, um die Steifigkeit zu erhöhen.

Rahmenkonstruktion

1. Sitzrohr- und Oberrohrlänge sind wichtige Maße bei der Rahmenkonstruktion, sie bestimmen die Größe des Fahrradrahmens. Um die optimalen Maße (je nach Fahrradtyp) in Bezug auf die Sitzrohrlänge zu bekommen, gibt es eine Berechnungsformel.

Stand der Technik: Mountainbike mit breitem Einsatzbereich

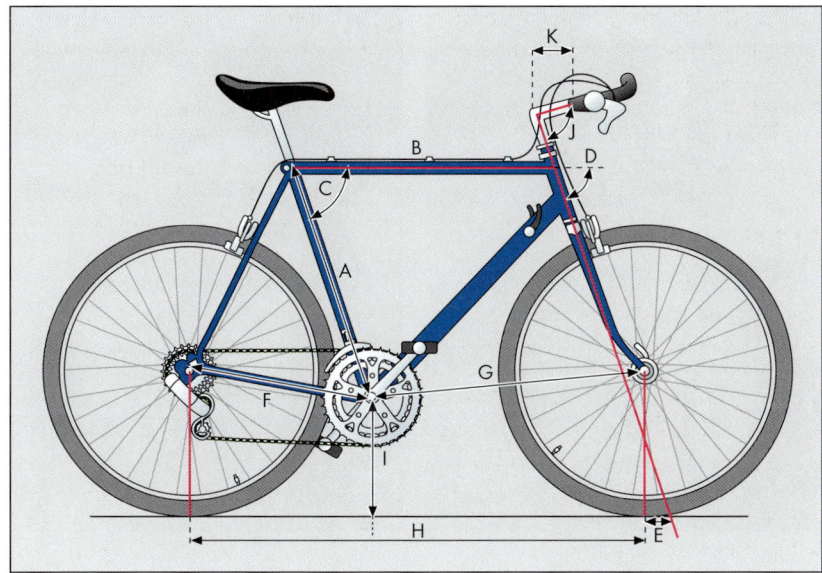

Rahmenmaße, die die Geometrie des Bikes beeinflussen: Sitzrohrlänge (A), Oberrohrlänge (B), Sitzwinkel (C), Steuerwinkel (D), Nachlauf (E), hinterer Achsabstand (F), vorderer Achsabstand (G), Radstand (H), Tretlagerhöhe (I), Vorbauwinkel (J), Vorbaulänge (K)

2. Sitz- und Steuerrohrwinkel bestimmen das Fahrverhalten des Fahrrades. Bei Mountain- und Trekkingbikes liegen die Sitzrohrwinkel zwischen 71 und 74°. Als generelle Regel gilt, dass Menschen mit kurzen Oberschenkeln einen steilen Sitzrohrwinkel benötigen, Fahrer mit langen Oberschenkeln einen flachen Sitzrohrwinkel. Ein steiler Sitzrohrwinkel (74°) macht das Fahrrad spritziger, ein flacher (72°) macht es gemütlicher. Dasselbe gilt für den Steuerwinkel, der mit der Gabel den Nachlauf des Fahrrades und somit das Steuerverhalten beeinflusst.

3. Der Nachlauf wird von der Gabelbiegung und dem Steuerwinkel bestimmt. Bei einem großen Nachlauf ist das Fahrrad gemächlich zu lenken, bei einem geringen Nachlauf reagiert das Fahrrad sofort auf jede Lenkbewegeng.

4. Der Achsabstand (hinten, vorne) wirkt sich ebenfalls auf das Fahrverhalten aus. Ein großer Radstand erzeugt ein gemütliches Fahrrad (z. B. Hollandrad), ein kurzer Radstand ein sehr wendiges, spritziges Fahrrad.

5. Die Tretlagerhöhe ist der Abstand zwischen der Mittelachse und dem Boden und bestimmt somit die Bodenfreiheit. Mehr Tiefgang bewirkt mehr Stabilität, ruhigen Geradeauslauf; weniger Tiefgang macht das Rad nervöser.

6. Vorbaulänge und Vorbauwinkel entscheiden primär die Charak-

109

Richtige Sattelhöhe: Bei durchgestrecktem Bein sollte die Ferse die Pedalachse berühren (links).

Richtige Sattelposition: Kniespitze und Pedalachse stehen senkrecht übereinander (rechts).

teristik der Sitzposition und das Fahrverhalten. Ein kurzer Vorbau mit steilem Winkel sorgt für eine gemütliche Sitzposition, lange flache Vorbauten erzeugen eine sportliche Sitzposition.

Optimale Rahmen- und Komponenentenanpassung

Was Profi-Rennfahrer bis ins letzte Detail beachten, weshalb sie sich ihre Fahrradrahmen sprichwörtlich »maßschneidern« lassen, sollte in einer reduzierten Form auch von jedem anderen Fahrer bedacht werden. Auf die richtige Anpassung an den Körper muss größtes Augenmerk verwendet werden. Fehler machen sich hier bald unangenehm bemerkbar: Falsch gewählte Fahrräder sind leistungmindernd, man ermüdet

rascher, Rücken- und Muskelschmerzen sind die Folge – spätestens dann verliert man den Spaß an der Sache. Nicht der Mensch darf an das Mountainbike, sondern das Mountainbike muss an den Menschen angepasst werden! Dabei sollten folgende Maße spezifisch berücksichtigt werden:
- Rahmengröße
- Distanz zwischen Sattelspitze und Tretlagermitte
- Distanz zwischen Sattelspitze und Lenkermitte
- Distanz zwischen Sattelebene und Lenkerebene
- Kurbellänge

Schrittlänge

Um diese Maße für jeden individuell feststellen zu können, ist es notwendig, dass die Schrittlänge des Fahrers gemessen wird. Dies ist einfach und unkompliziert. Die Schrittlänge ist die Distanz zwischen dem Sattelauflagepunkt zwischen den Beinen und dem Boden; man misst sie, indem man sich barfuß gerade an eine Wand stellt, eine Wasserwaage zwischen die Beine nimmt und leicht andrückt. Der Abstand zwischen dem Boden und der Oberkante der waagrechten Wasserwaage ergibt die Schrittlänge. Mit diesem Wert kann sich jeder die richtige Rahmengröße bzw. alle anderen Werte für eine gute Sitzposition errechnen.

Errechnen der richtigen Rahmengröße bei Mountainbikes

Fahrradrahmen und Schuhe haben etwas gemeinsam – man kauft sich nicht irgendeine Größe, sondern genau diejenige, die man benötigt. Je nach Fahrradtyp sind zwei verschiedene Formeln anzuwenden. Bei der Ermittlung eines optimalen Mountainbike-Rahmens wird die Schrittlänge mit dem Faktor 0,61 multipliziert. So erhält man die erforderliche Rahmengröße in Zentimetern. Dieses Maß bezieht sich, wie in der Abbildung auf S. 109 dargestellt, auf die Distanz zwischen Tretlagermitte und dem Schnittpunkt zwischen der Waagrechten des Oberrohrs und dem Sattelrohr (bzw. dessen Verlängerung).
Beispiel: Nehmen wir an, die gemessene Distanz der Schrittlänge unserer Versuchsperson beträgt 82 cm. Die Multiplikation 82 x 0,61 ergibt 50,02. Der erforderliche Rahmen sollte also von der Mitte des Tretlagers bis zum erwähnten Schnittpunkt 50 cm betragen.
Nun ist aber die Mehrzahl der Freizeitbiker auf die vorgegebenen Masse der diversen Hersteller angewiesen. Von den meisten Mountainbike-Produzenten werden Rahmenhöhen in 3—5 Abstufungen angeboten. Die Angaben beziehen sich fast immer auf die Distanz zwischen Tretlagermitte und dem Schnittpunkt zwischen der Waagrechten des Oberrohrs und dem Sitzrohr. Diese Größe wird meistens in Inch (Zoll)-Maßen angegeben.
Die nachstehende Inch/Zentimeter-Tabelle für die gängigsten Größen erleichtert das Umrechnen. Man kann auch selbst den Rechenstift zur Hand nehmen: Wenn das Inch-Maß mit 2,54 multipliziert wird, erhält man die Länge in Zentimetern.

Umrechnungstabelle Inch (Zoll)/Zentimeter:	
13"	33,0 cm
14"	35,6 cm (36)
15"	38,1 cm (38)
16"	40,6 cm (41)
17"	43,2 cm (43)
18"	45,7 cm (46)
19"	48,6 cm (49)
20"	50,8 cm (51)
21"	53,3 cm (53)
22"	55,9 cm (56)

Radsport-
kleidung anno
dazumal:
Gegen die
Kälte wurden
Damenstrumpf-
hosen zweck-
entfremdet.

Funktionelle Bekleidung

Vor allem im Winter und unter schlechten Wetterbedingungen ist es wichtig zu wissen, wie man sich optimal gegen Wind, Kälte und Nässe schützen kann. Gute Bekleidung auf dem Mountainbike erfordert mehr als nur gefälligen Schnitt und aktuelle Farben.

Wind

Gegen den kalten Fahrtwind muß man sich besonders gut schützen. In der chinesischen Medizin wird der

Heutzutage
schützen hoch-
funktionelle
Sporttextilien
vor Nässe und
Kälte.

Wind als gefährlich beschrieben, weil er so unberechenbar ist. Er kennt keine Mauern und vermag die Poren des Körpers zu öffnen. Der Wind kommt nie allein und bringt meistens zu einem späteren Zeitpunkt Krankheit mit sich. Chronische Gelenkbeschwerden, Rückenschmerzen oder Probleme mit dem Bronchialsystem und der Atmung sind typische Zeichen von Windeinwirkung und vielfach die Spätfolgen eines ungenügenden Schutzes gegen den gefährlichen Fahrtwind.

Der erfahrene Athlet kennt die Tücken des Fahrtwindes und hat gelernt, mit ihm umzugehen. Nur Unerfahrene trainieren bei kalter Witterung in kurzen Radhosen. Im Gegensatz zur früher getragenen Wollbekleidung, die dem Wind leichten Einlass gewährte, gibt es heute radsportgerechte Textilien, die guten Schutz bieten. Bei Bergabfahrten lohnt es sich, den mitgeführten »Windbreaker« anzuziehen, auch wenn dies anfänglich, wenn der Körper erhitzt ist, nicht unbedingt nötig erscheint.

Regen und Nässe

Auch gegen Nässe gibt es den richtigen Wetterschutz. Schließlich gibt es kein schlechtes Wetter, das einen vom Training abhält, sondern nur ungeeignete Trainingsbekleidung! Bei der Schlechtwetter-Sportbekleidung unterscheidet man zwischen hautnahen und äußeren Bekleidungsschichten. Beide sind aus hoch entwickelten synthetischen Textilfasern.

Moderne Wetterschutzbekleidung ist leicht und klein verpackbar.

113

Auch Stürzen will gelernt sein – vor den Folgen schützt die richtige Ausrüstung.

Im Gegensatz zur dafür ungeeigneten Baumwolle lassen diese Fasern auch in nassem und vollgeschwitztem Zustand kein Kältegefühl aufkommen. Doppelflächige Unterwäsche besteht aus zwei fest miteinander verbundenen Funktionsschichten. Die eine saugt den Schweiß auf und leitet ihn durch einen Löschblatt-Effekt zur Verdunstung in die äußere Speicherschicht. So bleibt die Körpertemperatur lange konstant. Eine atmungsaktive Sportunterwäsche gehört deshalb zur Standardausrüstung jedes Mountainbikers.

Man sollte sich nach dem »Zwiebelschalensystem« anziehen, bei dem jedes Kleidungsstück das andere ergänzt. Bei den äußeren Textilien gibt es wasserfeste und wasserdichte Kleidungsstücke. Die wasserfesten Jacken oder Hosen schützen gut gegen Wind und Kälte und sind relativ atmungsaktiv. Wasserdichte Bekleidung ist zudem wasserundurchlässig, aber häufig nicht mehr so atmungsaktiv und kann die Bewegungsfreiheit einschränken.

Allgemein gilt: Beim Bergauffahren nicht zu viel und bergab nicht zu wenig anziehen!

Helm und Schutzbekleidung

Kein Mountainbiker ohne Helm und Handschuhe – denn Stürze gehören zum Mountainbiken! Die meisten Stürze sind harmlos und verlaufen glimpflich. Doch auch bei kleinsten Stürzen kann man sich Kopfverletzungen oder Abschürfungen zuziehen. Kopf und

Hände sollten daher immer wirksam geschützt sein. Ein guter Helm ist so bequem und leicht, dass man beinahe vergisst, ihn abzulegen!

Weitere Ausrüstung

Winterhandschuhe, Stirnband und Mütze

Wer schon einmal eine Sauna besucht hat und im Kaltwasserbecken untergetaucht ist, weiß, wie viel Körperwärme über den Kopf und die Hände verlorengeht. »Open Water«- Schwimmer schützen sich deshalb mit Neoprenmützen wirksam gegen den leistungsmindernden Wärmeverlust.
Die Körpertemperatur lässt sich auch auf dem Rad mit Handschuhen und Stirnband oder Mütze regulieren. Dies gilt hauptsächlich für die zweite Trainingshälfte, wenn der Körper schon geschwächt und abgekühlt ist. Eine dünne und leichte Windjacke, die man für solche Fälle vorsorglich in die Trikottasche packt, kann dann ein willkommener Wärmespender sein.

Knöchelhohe Radschuhe oder -überzüge

Mit warmen Füßen ist jedes Wetter erträglich. Solange die Füße warm sind, ist auch das Erkältungsrisiko gering. Hohe, wasserfeste Winter-Mountainbike-Schuhe sollten unbedingt reichlich groß gekauft werden,

denn das wärmste Innenfutter nützt nichts, wenn der Fuß zu wenig Spielraum hat und die Blutzirkulation reduziert ist. Für Fahrer, die keinen Zweitschuh kaufen möchten oder eine sehr breite Fußform haben, eignen sich auch unzählige Variationen von Schuhüberzügen aus diversen Materialien, z. B. Neopren.

Brille

Eine gute Sportbrille ist nicht billig. Dafür bietet sie zuverlässigen Schutz gegen Fahrtwind, Schmutz und Sonneneinstrahlung.

Bei schnellen Abfahrten ist eine gute Brille besonders wichtig.

115

Erholungsfördernde Maßnahmen

Vor allem im Mountainbike-Sport kommt den erholungsfördernden und regenerativen Maßnahmen ein wichtiger Stellenwert zu. Nur mit einer dosierten und angepassten Erholung ist eine gezielte und mittel- bis langfristig erfolgreiche Leistungsentwicklung überhaupt möglich. Die im Folgenden vorgestellten erholungsfördernden Maßnahmen lassen sich fast überall und ohne Zweitperson durchführen.

Basistraining

Das Fundament für eine gute Erholungsfähigkeit wird eigentlich schon in einem soliden Aufbautraining gelegt. Die dort antrainierte Ausdauerfähigkeit ermöglicht eine rasche Regeneration in den einzelnen Erholungsphasen.

Schlaf

Die einfachste und wirksamste erholungsfördernde Maßnahme ist regelmäßiger und ausreichender Schlaf. Der Tagesablauf unterliegt auch dem Rhythmus von Belastung und Erholung. In der Nacht hat der Organismus Gelegenheit, sein Gleichgewicht wiederzufinden. Der beim Sportler überdurchschnittlich stark strapazierte Hormonstoffwechsel (Recycling von verbrauchten Hormonen, Ausschüttung von Wachstumshormonen) spielt in diesen Ruhephasen eine wichtige Rolle.

Acht Stunden Schlaf sind für die nicht Sport treibende Bevölkerung empfehlenswert und stellen für den Sportler das absolute Minimum dar. Der Wert eines regelmäßigen kurzen Mittagsschlafs kann nur immer wieder betont werden.

Warm-up, Cool-down und Stretching – ein Super-Trio

Das aktive Aufwärmen dient der Verletzungsvorbeugung und hat eine leistungssteigernde Funktion durch die optimale Vorbereitung auf die bevorstehende Leistung. Werden kalte Muskeln durchblutet, löst sich der Sauerstoff schlecht von seinem Hämoglobin (sauerstoffbindende Blutkörperchen). Steigt die Muskeltemperatur jedoch an, löst sich der Sauerstoff schneller und vollständiger. Ein Temperaturanstieg in den Muskelzellen erhöht auch die Aktivität der Enzyme. Sie helfen Fette und Zucker zu spalten und schnellstmöglich Energie zu gewinnen.

Erwärmte Muskeln sind elastischer und weniger anfällig für Verletzungen. Höhere Temperaturen verbessern auch die Funktion des Nervensystems. Nachrichten werden schneller zum und vom Gehirn oder Rückenmark übermittelt. Der Sportler kann sich besser auf Training und Wettkampf einstellen und »lernt leichter«.

Je besser der Trainingszustand des Sportlers ist, desto mehr Zeit wird das Aufwärmen in Anspruch nehmen. Je älter der Sportler ist, desto langsamer und behutsamer hat das Aufwärmen zu erfolgen. Passives Aufwärmen wie Einreibungen und Massagen dürfen nur als ergänzende Maßnahmen betrachtet werden.

Beim Abwärmen muß der erregte Organismus gezielt beruhigt und ihm ein schnellstmöglicher Übergang in die wichtige Wiederherstellungsphase ermöglicht werden. Besonders für den Freizeitsportler gilt der Grundsatz: Nicht erst dann aufhören, wenn man gar keine Energie mehr hat und keinerlei Lust mehr verspürt, weiterzumachen. Das Bike-Training sollte so beendet werden, dass die Motivation für das nächste Training steigt. Dafür sollte auflockerndes Abwärmen den Abschluß bilden.

Beim Radfahrer verkürzt sich die Muskulatur hauptsächlich, weil es zu einer mittleren bis sehr starken Ermüdung der eingesetzten Muskeln kommt. Der Kraftzuwachs der einzelnen Muskelgruppen ist beim Radfahrer einseitig verteilt (z. B. starke Kräftigung auf der Oberschenkelvorderseite, schwache Kräftigung auf der Oberschenkelrückseite). Deshalb können Kraftunterschiede der einzelnen Muskelgruppen, sogenannte muskuläre Dysbalancen, die Ursache für Muskelverkürzungen sein. Muskuläre Verkürzungen können sich beim Radfahrer, vor allem langfristig, als leistungsmindernder Faktor bemerkbar machen.

Jede Bewegung aktiviert immer mindestens zwei Muskeln. Beispielsweise werden für das Pedalieren der Strecker (Quadrizeps) und der Beuger (Ischiokuralgruppe) im Oberschenkel benötigt. Spannt sich der vordere Oberschenkelmuskel, um das Bein zu strecken, so muß sich der hintere Oberschenkelmuskel gleichzeitig entspannen und dehnen, um eine Bewegung überhaupt zu ermöglichen. Sind Verkürzungen der hinteren Beugemuskulatur vorhanden, was häufig der Fall ist, kommt es zu einer reduzierten Kraftentfaltung. Die vordere Muskulatur arbeitet sozusagen gegen den Widerstand der hinteren.

Ein regelmäßiges radspezifisches Dehn- und Krafttraining kann eine wirksame und vorbeugende Maßnahme gegen muskuläre Ungleichgewichte und Verkürzungen sein. Studien fanden statistische Beweise für den Zusammenhang zwischen Schmerzen unter der Kniescheibe und Verkürzungen der Kniestrecker- und -beugermuskulatur bei Radfahrern. Verkürzungen der Kniebeuger waren weit verbreitet, am schlimmsten bei Personen mit starken Schmerzen unter der Kniescheibe. Muskeldehnübungen für die Oberschenkelmuskulatur scheinen ein wirksames Mittel zu sein, um diesen Schmerzen vorzubeugen oder sie zu behandeln.

Ernährung

Körperliche Anstrengungen reduzieren das in der Muskulatur gespeicherte Glykogen. Nach dem Training versuchen die Muskeln das Glykogen so schnell wie möglich wieder aufzufüllen. Eine kohlenhydratreiche Ernährung unmittelbar nach der Leistung hilft, die entleerten Energiespeicher schnellstmöglich wieder aufzufüllen; dann gelangt der Zucker leichter in die Muskelzellen.

Die richtige Ernährung nach dem Training ist ein wichtiger Baustein im Wiederherstellungsprozess. Die Phase, die die Energiespeicher (Kohlenhydrate und Fette) zur Regeneration brauchen, dauert ungefähr 48 Stunden. Der Flüssigkeitshaushalt sollte bereits während des Trainings mit Wasser stabilisiert oder spätestens nach dem Training ausgeglichen werden. Nur ein intakter Flüssigkeitshaushalt ermöglicht optimale Körperfunktionen.

Stressabbau

Stress kann die Trainingseffekte reduzieren. Forschungen haben bewiesen, dass gestresste Menschen Proteine nicht so gut synthetisieren und deshalb Gewebe nicht mehr so schnell erneuert und aufgebaut werden kann. Ganz gleich, wie viel Proteine sie essen oder wie ausgewogen ihre Ernährung ist, Stress verhindert die optimale Verwertung der Nährstoffe und sollte nach Möglichkeit abgebaut werden.

Bei hohen Trainingsumfängen sollte den erholungsfördernden Maßnahmen, beispielsweise Massagen, besondere Aufmerksamkeit geschenkt werden.

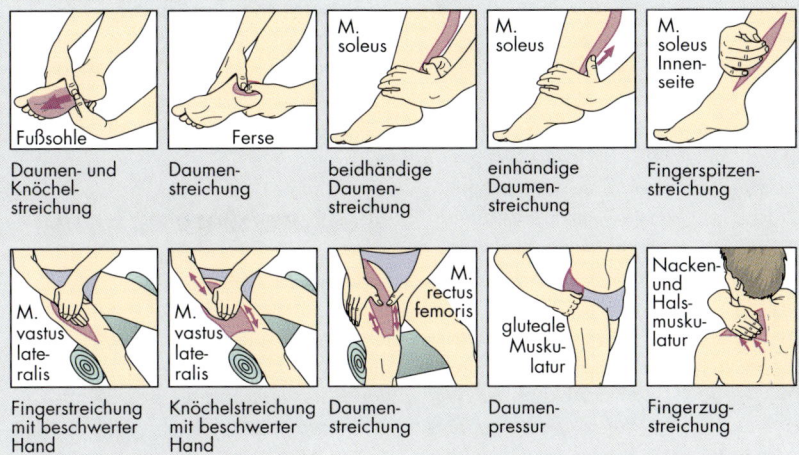

Selbstmassage

Die Massage behandelt im weitesten Sinne die Symptome einer Krankheit. Verspannungen oder Verletzungen etc. sind eigentlich körperliche Anzeichen von Überlastung. Als regenerative Maßnahme in der Sporttherapie besitzt die Massage einen hohen Stellenwert.

Vor allem unmittelbar nach harten Wettkampf- und Trainingseinheiten, bei denen es um die Aufrechterhaltung einer optimalen Durchblutung der belasteten Muskulatur geht, kann die Selbstmassage angewendet werden. Damit wird die Entschlackung des Körpers beschleunigt und die neu benötigten Mineralstoffe und Spurenelemente finden über das Bluttransportsystem ihren Weg zum Bestimmungsort.

Die Eigenmassage ist orts- und zeitunabhängig. Durch sie können muskuläre Stresssymptome (Verhärtungen, Entzündungen) frühzeitig erkannt werden, und sie bietet fast alle Vorteile der allgemeinen Sportmassage (Durchblutungserhöhung, Resorptionsförderung, Regulierung des Muskeltonus, Wirkung auf das vegetative Nervensystem).

Kaltwasser-Sitzbäder

Die bekannten therapeutischen Wirkungen von Warm- oder Heißwasserbädern werden an dieser Stelle nicht näher erläutert. Eine Therapie mit kaltem Wasser soll hier empfohlen werden. Hat man damit gute Erfahrungen gemacht, kann die Methode durch Hinzufügen von Eisstückchen noch optimiert werden.

Das hört sich viel schlimmer an, als es wirklich ist! Wenn sich der Körper aber erst an die ungewohnt niedrige

119

Wassertemperatur gewöhnt hat und die sich nahe der Hautoberfläche befindenden »Gefühlsantennen« ein wenig betäubt sind, ist das Bad gut auszuhalten. Wichtig dabei ist, dass sich Beine und Füße ganz im Wasser befinden. Das Eintauchen ist das Schlimmste – tief durchatmen und locker bleiben! Empfehlenswert ist eine leichte Lektüre zur Ablenkung.

Durch den ca. 3–10-minütigen Kältereiz werden die Blutgefäße der Beine stark verengt, was die Durchblutung reduziert. Je stärker sich die Gefäße verengen, desto weiter werden sie anschließend geöffnet, was zu einer extremen Mehrdurchblutung führt. Kaltwasserbäder sind sicher nicht jedermanns Sache, doch zur schnellen Erholung sehr wirksam. Auch hier geht Probieren über Studieren!

Weitere Maßnahmen

- leichte Ausfahrten mit dem Rad (hohe Trittfrequenzen in kleinen Gängen schonen den Muskel- und Bandapparat)
- Alternativsportarten, vor allem Wassersportarten
- trainingsfreie Tage zur Abwechslung und zur Ablenkung

Wer eine lange Tour gefahren ist, hat sich Erholung verdient.

Genießen Sie
die Natur –
aber bedenken
Sie, dass auch
andere sie
genießen
wollen!

10 Gebote für Mountainbiker

1. Nehmen Sie Rücksicht auf die Umwelt und fahren Sie nicht durch Naturschutzzonen.
2. Benützen Sie befestigte, breite Fahrwege und nach Möglichkeit markierte Mountainbike-Routen.
3. Respektieren Sie Wanderer und gewähren Sie ihnen Vortritt.
4. Schonen Sie die Wanderwege und vermeiden Sie unnötige Bremsspuren.
5. Planen Sie Ihre Ausfahrt und befahren Sie wenig begangene Routen.
6. Passen Sie den Fahrstil und die Geschwindigkeit Ihrem Können an.
7. Sorgen Sie mit rücksichtsvollem Verhalten dafür, dass wir Mountainbiker als Naturfreunde akzeptiert werden und unseren Sport weiterhin unbeschränkt ausüben können.
8. Hinterlassen Sie keine Rückstände und Abfälle.
9. Nehmen Sie besondere Rücksicht auf die Wildtiere.
10. Have fun!

> »Der kürzeste Weg zwischen zwei Menschen ist ein Lächeln.«
>
> *Henry Sakal*

Nur Anfänger und Rowdys »slidern« und hinterlassen Bremsspuren – Könner gebrauchen die Vorderradbremse.

Wie jede Outdoor-Sportart erfordert auch das Biken Rücksicht auf die Natur.

123

Ausblick

Mountainbiken ist viel mehr als nur Training, Mountainbiken ist ein Lifestyle! Der Sport lebt aber nicht nur von Supermännern und -frauen, sondern ist auf die Begeisterung und die Freude jedes Einzelnen angewiesen. Der Entwicklung des Mountainbike-Sports sind in jeder Beziehung noch keine Grenzen gesetzt.

Wie viele andere erfolgreiche Sportarten wird sich auch das Mountainbiken zu einer Ganzjahressportart entwickeln und das Wettkampfangebot wird noch vielseitiger werden. Snowbike-Rennen, Dualslalom, Trial-Shows und Indoor-Veranstaltungen verzeichnen schon heute beachtliche Erfolge und großes Zuschauerinteresse. Die Spezialisierung in den einzelnen Disziplinen wie auch im Materialbereich wird sich weiter verstärken. Im Breitensport verläuft die Entwicklung immer etwas langsamer als im Leistungssport. Es ist zu hoffen, dass die Schönheiten und die gesundheitsfördernden Aspekte des Mountainbikens in Form von Touren-, Erlebnis- und Aktivferien auch dem Freizeit- und Gesundheitssportler nähergebracht werden können.

Das Mountainbiken findet immer mehr begeisterte Anhänger – das ganze Jahr über.

Muskulatur Übungsinhalt	Einsteiger	Fortgeschrittene
Dehnübungen		
vordere Oberschenkel-muskulatur		
rückseitige Oberschenkel-muskulatur		
Unterschenkel-muskulatur		
beinabspreizende Muskulatur		
beinanziehende Muskulatur		
Nacken- und Rückenmuskulatur		
weitere wichtige Dehnübungen		

Muskulatur Übungsinhalt	Einsteiger	Fortgeschrittene
Kräftigungsübungen		
Beinmuskulatur		
Beinmuskulatur		
Rücken- und Gesäßmuskulatur		
Rücken- und Gesäßmuskulatur		
Schultergürtel- und Rumpfmuskulatur		
Becken- und Rumpfstabilisation		
Bauchmuskulatur		

Bikeangebote vom Einsteiger bis zum Profi

Bikewochenenden/
Bikewochen
Spezielle Angebote
für Firmen
Geführte Mountainbike-
und Rennradtouren
Leistungsdiagnostik
Physiotherapeutischer
Befund und Beratung
Persönliche Betreuung
Individuelle
Trainingsprogramme
Seminare

EU
EUROPEAN BIKE EUROPEAN BIKE Academy

Aktueller Prospekt unter:
European Bike Academy
Schleißheimer Str. 13
D - 80333 München
Tel./Fax 089 - 52 47 21

Mehr Sport-Erlebnis

Georg Ladig/Frank Rüger
Richtig Inline-Skating
Nach neuestem Stand und methodisch
fundiert: Bedeutung für Fitneß und Gesundheit, schrittweises Erlernen der Fahrtechnik,
verschiedene Disziplinen und Wettkampf-
formen.

Fred Karbstein
Richtig Paragliding
Die Grundlagen des Gleitschirmfliegens –
besonders geeignet für Einsteiger: Geräte-
kunde, Flugpraxis, Wetterkunde, Luftrecht,
Flugfunk, Verhalten bei Unfällen, Umwelt-
schutz, besondere Flugformen.

Peter Konopka
Richtig Rennradfahren
Für sportliche Tourenfahrer und
passionierte Straßenfahrer: Ausrüstung,
Fahrtechnik, Training, Verletzungen,
Ernährung, sportgerechte Lebensweise.

Erich Frischenschlager
**Richtig Snowboarding
in drei Tagen**
Für Einsteiger: Aufwärm- und Sturz-
übungen, Erlernen der grundlegenden
Schwungformen in kürzester Zeit – und
für Fortgeschrittene: Carven, Tiefschnee-
Boarden, Freestyle-Formen, Wettkampf.

---

*Im BLV Verlag
finden Sie Bücher
zu folgenden Themen:* Garten und Zimmerpflanzen • Wohnen und Gestalten • Natur • Heimtiere • Jagd •
Angeln • Pferde und Reiten • Sport und Fitness • Tauchen • Reise • Wandern,
Alpinismus, Abenteuer • Essen und Trinken • Gesundheit und Wohlbefinden

Wenn Sie ausführliche Informationen wünschen, schreiben Sie bitte an:
**BLV Verlagsgesellschaft mbH • Postfach 40 03 20 • 80703 München
Telefon 089/127 05-0 • Telefax 089/127 05-543**